上尊號

中國碑帖名品

二編

［四］

上海書畫出版社

前言

中華文明綿延五千餘年，文字實具第一功。從倉頡造字而雨粟鬼泣的傳説起，歷經華夏子民智慧聚集、薪火相傳，終使漢字生生不息、蔚爲壯觀。伴隨着漢字發展而成長的中國書法，基於漢字象形表意的特性，在一代又一代書寫者的努力之下，最終超越其實用意義，成爲一門世界上其他民族文字無法企及的純藝術，并成爲漢文化的重要元素之一。在中國知識階層看來，書法是中國人『澄懷味象』、寓哲理於詩性的藝術最高表現方式，她净化、提升了人的精神品格，歷來被視爲『道』『器』合一。而事實上，中國書法確實包羅萬象，從孔孟釋道到各家學説，從宇宙自然到社會生活，中華文化的精粹，在其間都得到了種種反映，書法無愧爲中華文化的載體。書法又推動了漢字的發展，篆、隸、草、行、真五體的嬗變和成熟，源於無數書家承前啓後、對漢字美的不懈追求，多樣的書家風格，則愈加顯示出漢字的無窮活力。那些最優秀的『知行合一』的書法家們是中華智慧的實踐者，他們匯成的這條書法之河印證了中華文化的發展。

因此，學習和探求書法藝術，實際上是瞭解中華文化最有效的一個途徑。歷史證明，漢字及其書法衝破了民族文化的隔閡和時空的限制，在世界文明的進程中發生了重要作用。我們堅信，在今後的文明進程中，這一獨特的藝術形式，仍將發揮出巨大的力量。然而，在當代這個社會經濟高速發展、不同文化劇烈碰撞的時期，書法也遭遇前所未有的挑戰，這其間自有種種因素，而漢字書寫的退化，或許是書法之道出現踟躕不前窘狀的重要原因，因此，有識之士深感傳統文化有『迷失』和『式微』之虞。書法藝術的健康發展，有賴於對中國文化、藝術真諦更深刻的體認，匯聚更多的力量做更多務實的工作，這是當今從事書法工作的專業人士責無旁貸的重任。

有鑒於此，上海書畫出版社以保存、還原最優秀的書法藝術作品爲目的，從系統觀照整個書法史藝術進程的視綫出發，於二〇一一年至二〇一五年间出版《中國碑帖名品》叢帖一百種，受到了廣大書法讀者的歡迎，成爲當代書法出版物的重要代表。爲了能夠更好地呈現中國書法的魅力，滿足讀者日益增長的需求，我們決定推出叢帖二編。二編將承續前編的編輯初衷，擴大名作的匯集數量，進一步提升品質，以利讀者品鑒到更多樣的歷代書法經典，獲得對中國書法史更爲豐富的認識，促進對這份寶貴遺産更深入的開掘和研究。

上海書畫出版社

簡介

《上尊號》，全稱《公卿將軍上尊號碑》，又稱《上尊號奏》《勸進碑》《百官勸進表》等。三国时曹魏黃初元年（二二〇）立。碑爲圭首，有額，篆書陽文二行八字，曰『公卿將軍上尊號奏』。碑陽隸書二十二行，碑陰隸書十行，滿行四十九字。碑文中無撰書人姓名，傳爲衛覬或王朗撰文、鍾繇或梁鵠所書，但無確證，亦無定論。碑文記述了公卿將軍四十六人呈魏王曹丕奏章，勸曹丕接受禪讓代漢而繼天命。原石今在河南臨潁縣繁城鎮漢獻帝廟。此碑書法雄勁端莊、姿態峭麗，爲曹魏時期的隸書代表作，對晉唐隸書影響甚巨。

本次選用之本爲慕松軒所藏，曾爲鄭際唐、馮汾軿、梁恭辰、羅振玉、李一氓、沙彦楷等遞藏，册後有翁方綱、梁章鉅、錢泳等人跋，二十世紀六十年代歸上海朵雲軒，二〇二〇年朵雲軒一百二十周年慶拍賣會金石碑帖專場售出。册中無碑額，碑陽爲明末拓本，第十六行遺失數字，碑陰爲清初拓本，第八、九行遺失數字，今均以舊拓本補全。整幅拓本爲私人所藏清嘉道間拓本。均爲首次原色全本影印。

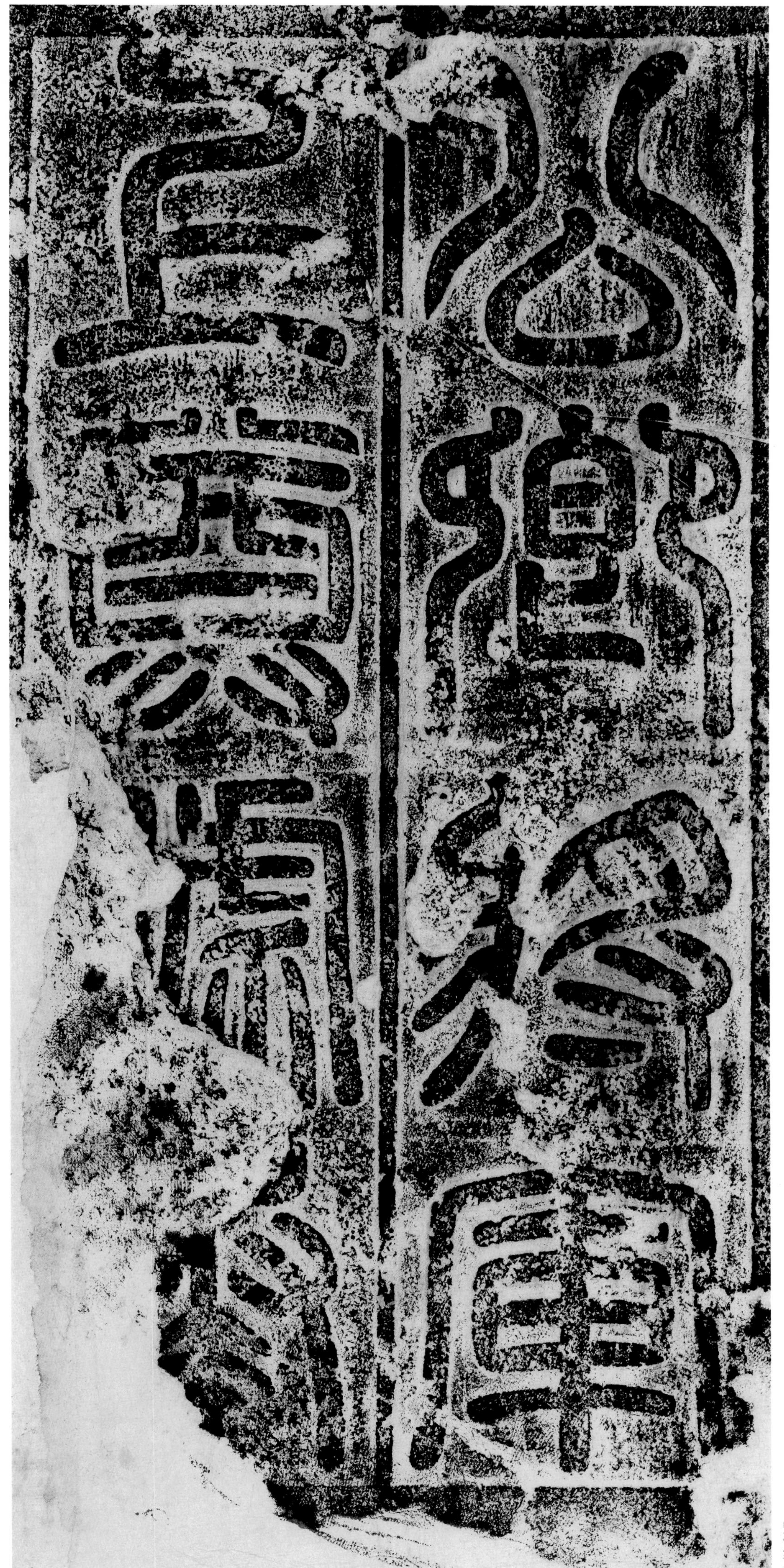

【碑額】

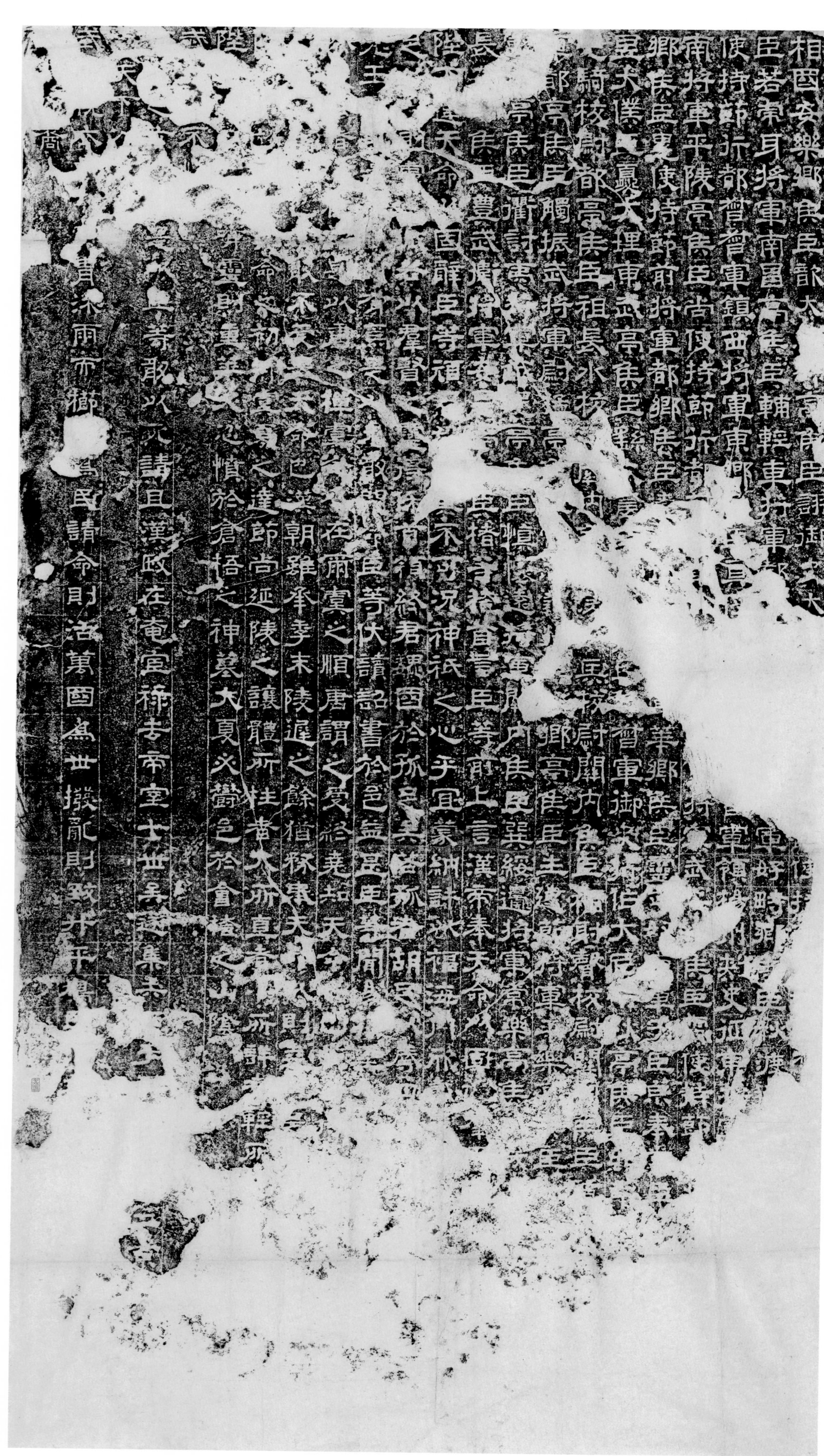

【碑陽】

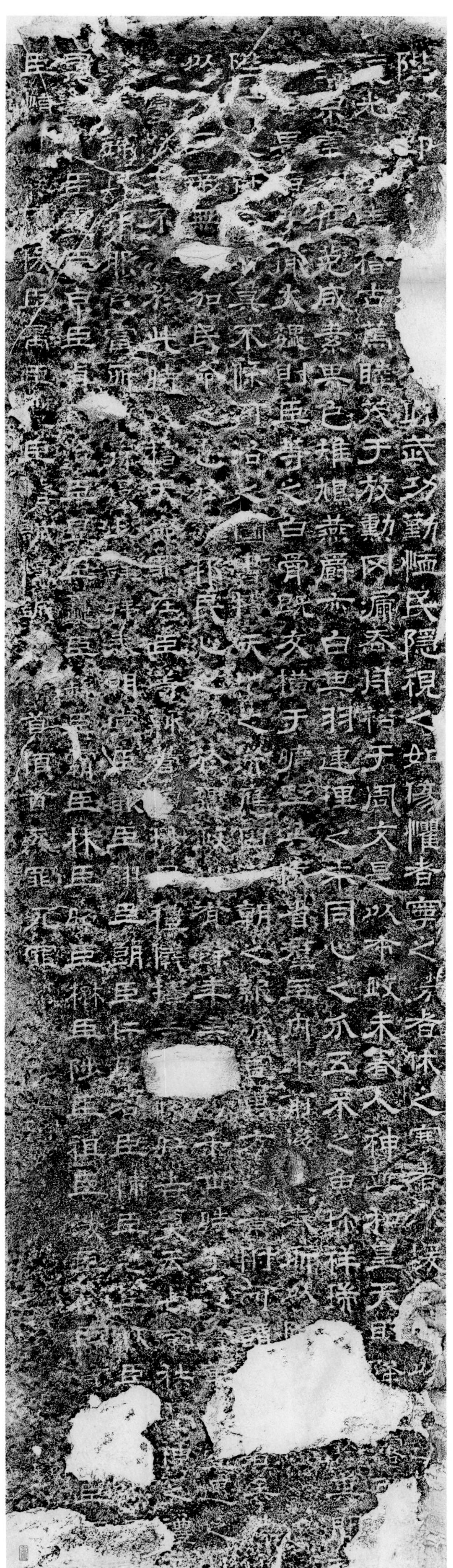

【碑陰】

公卿將軍上尊號奏：碑文内容録述了衆公卿將軍請奏魏王曹丕代漢稱帝，力勸其接受漢獻帝禪讓一事。今原碑與拓本皆文字不全，故據《隸釋》《魏書》等補入闕文。

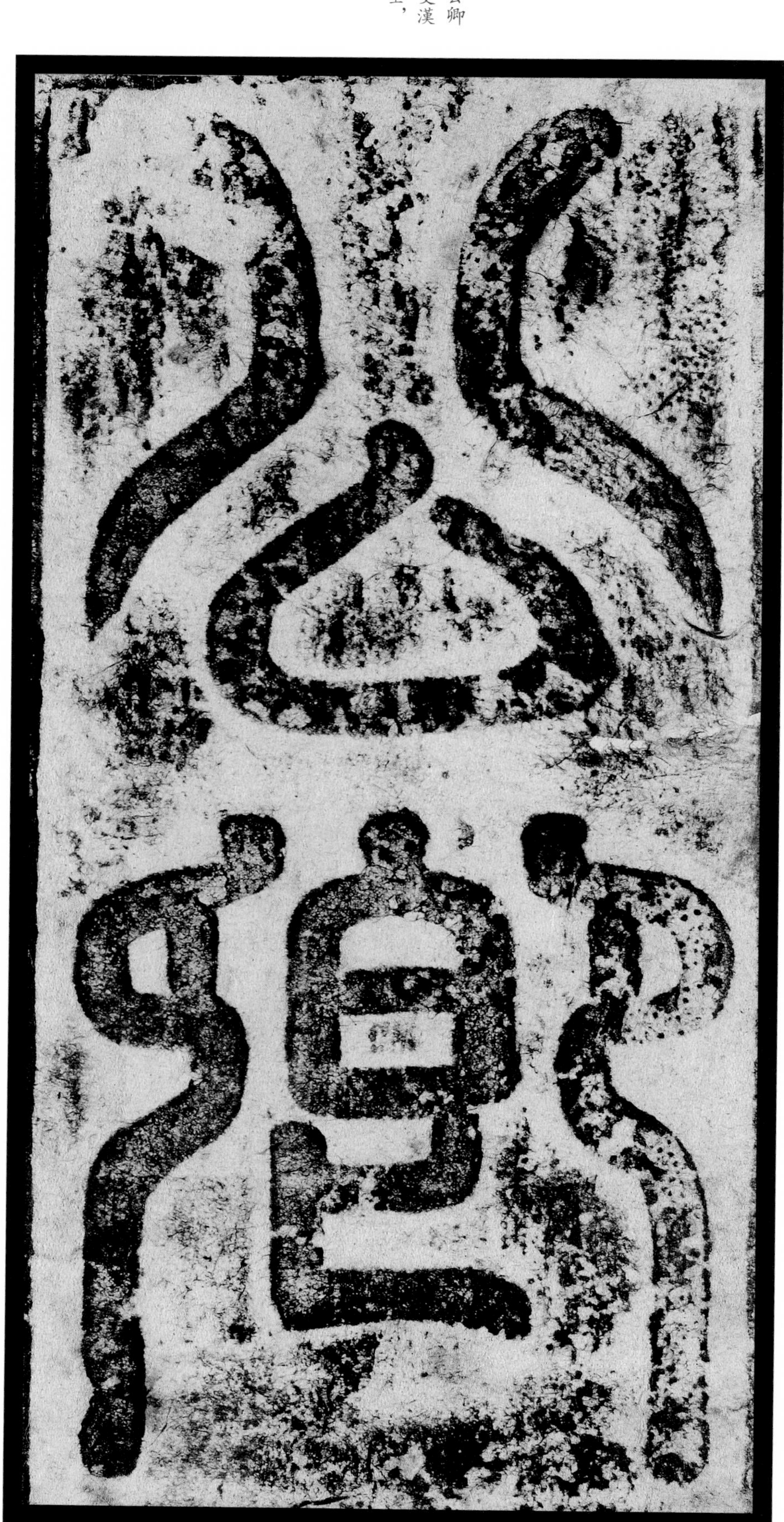

【碑額】公卿／

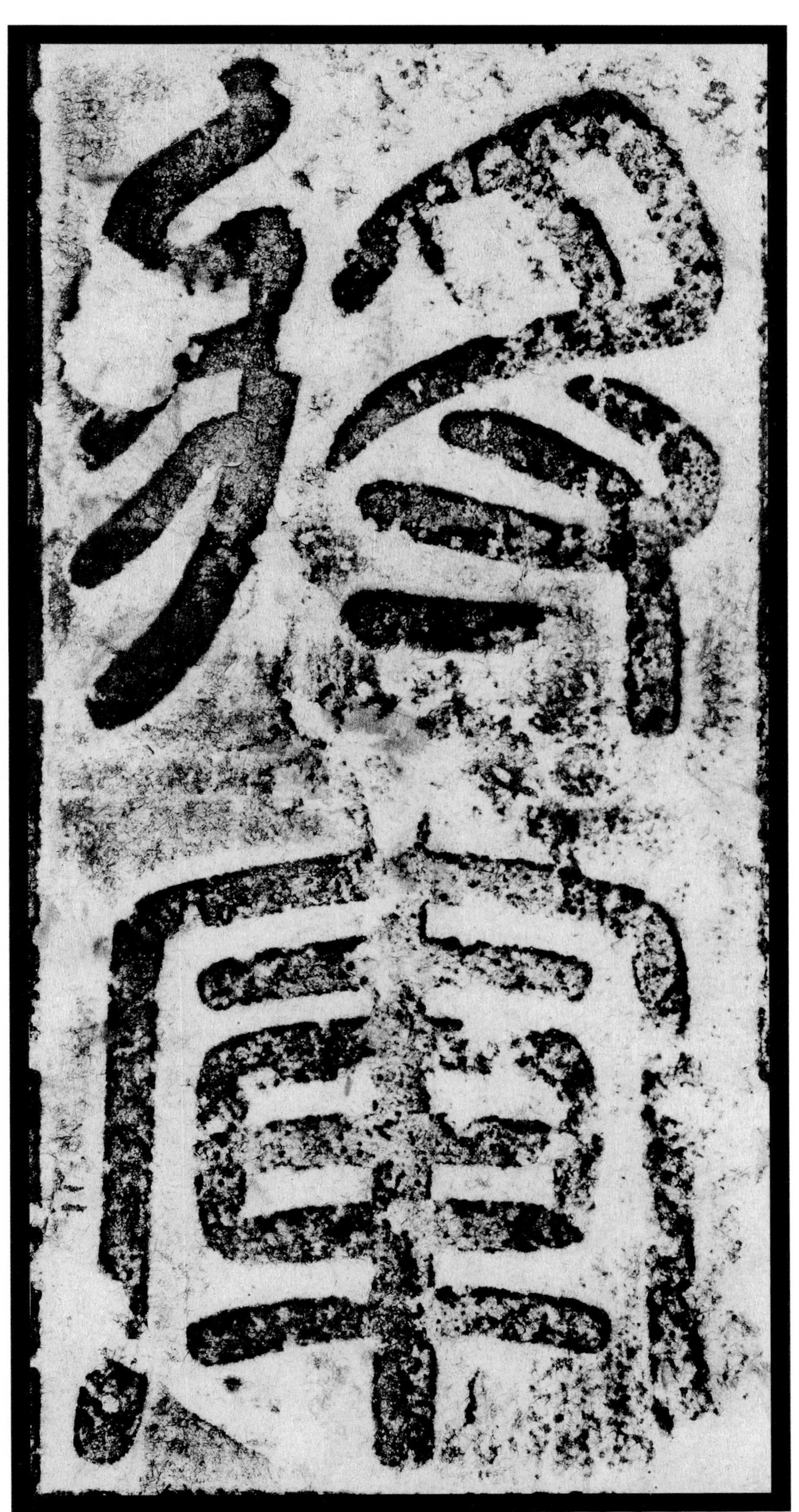

將軍／

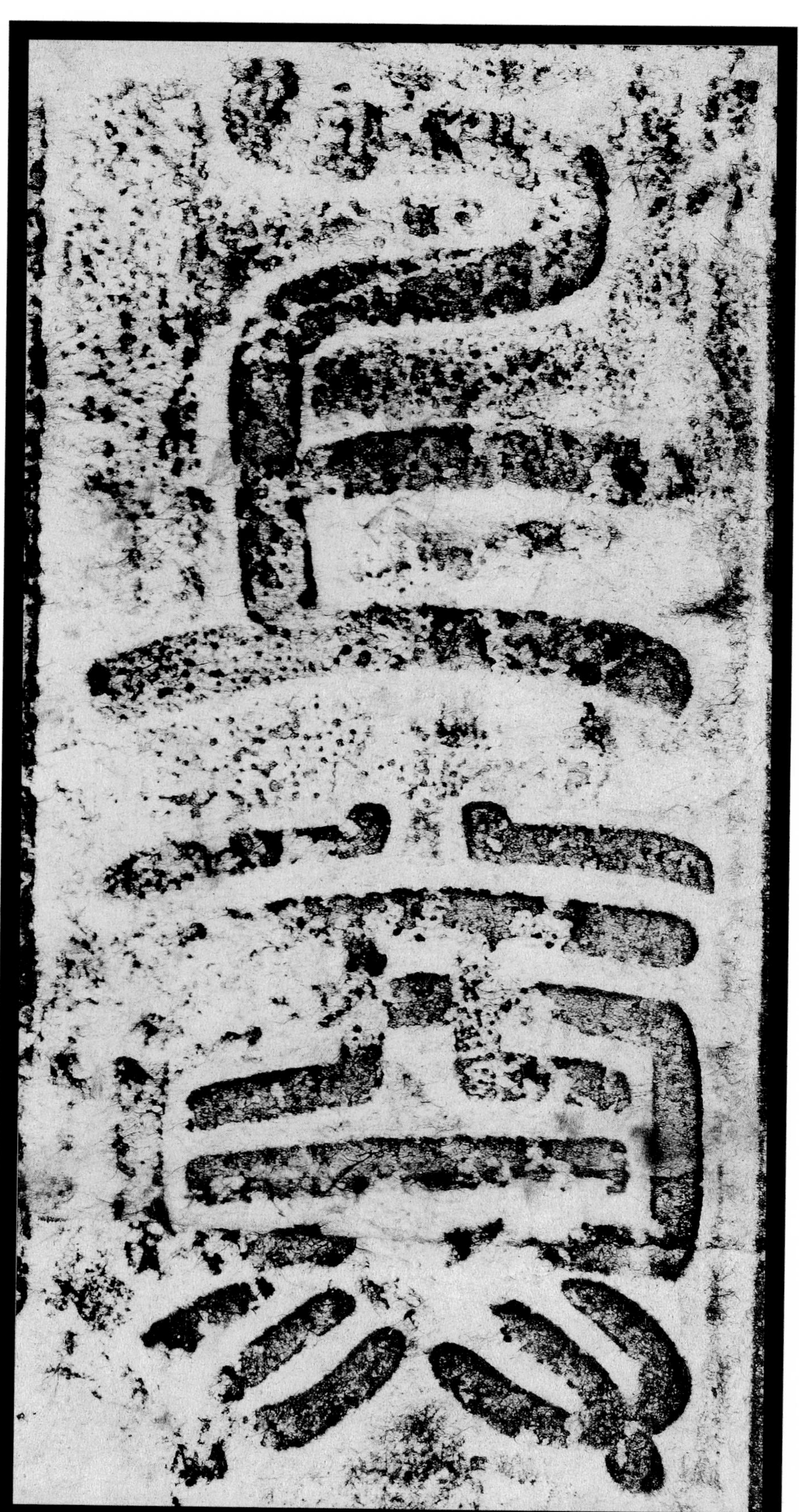

上尊／

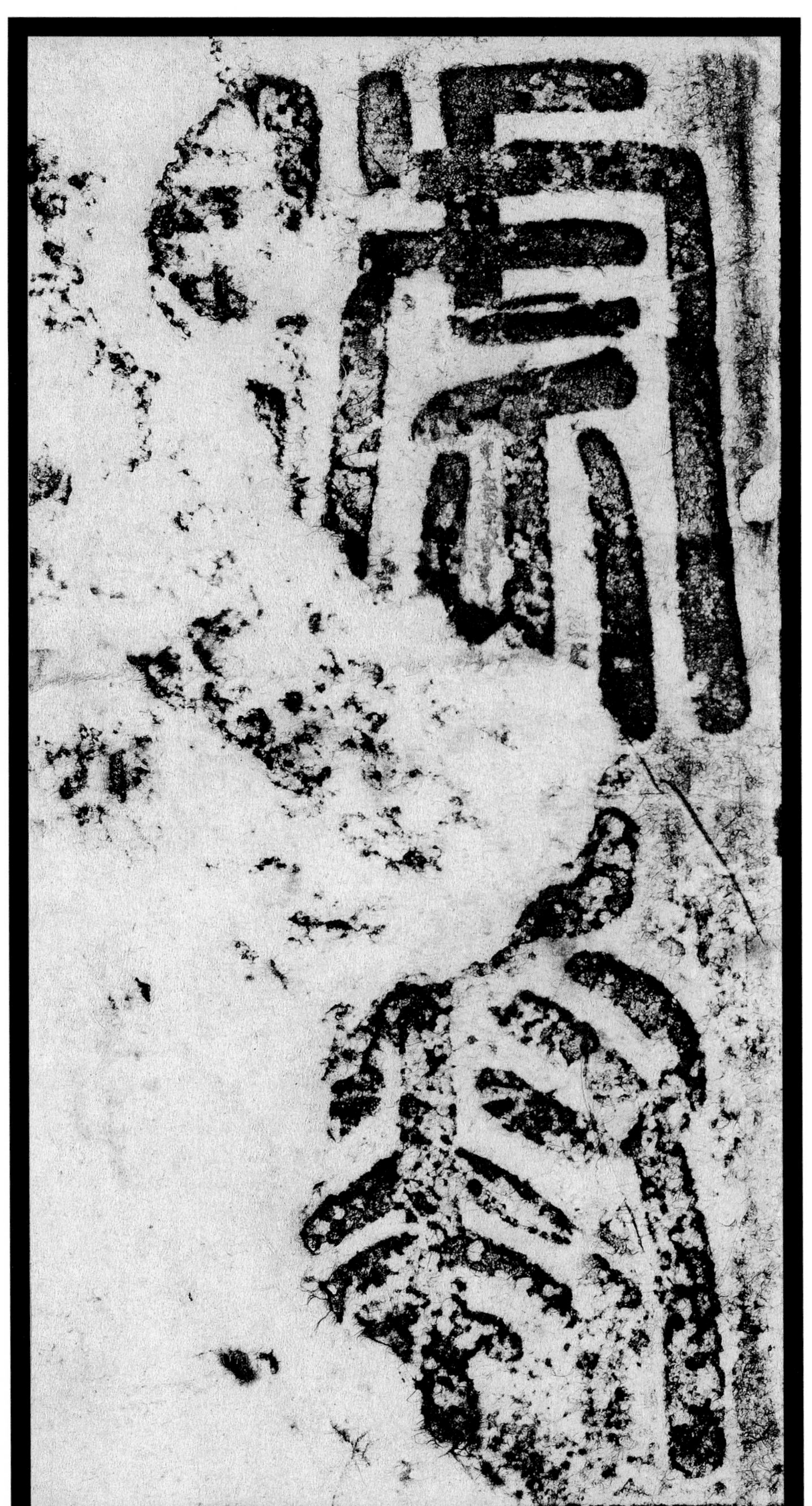

號奏／

臣歆：華歆，字子魚，平原郡高唐縣人，曹魏名臣。舉孝廉入仕，與盧植、鄭玄、管寧等爲同門，先後追隨袁術、孫策、曹操，力助曹丕稱帝。太和五年卒，謚號『敬』。

臣詡：賈詡，字文和，武威郡姑臧縣人。曹魏謀士、名臣。舉孝廉入仕，初爲董卓部將。董卓死後，先後依附於李傕、郭汜、段煨、張繡，後歸降曹操。渭南之戰中，獻策離間馬超、韓遂，平定關中，支持曹丕奪嫡稱帝。黄初四年卒，謚號『肅』。

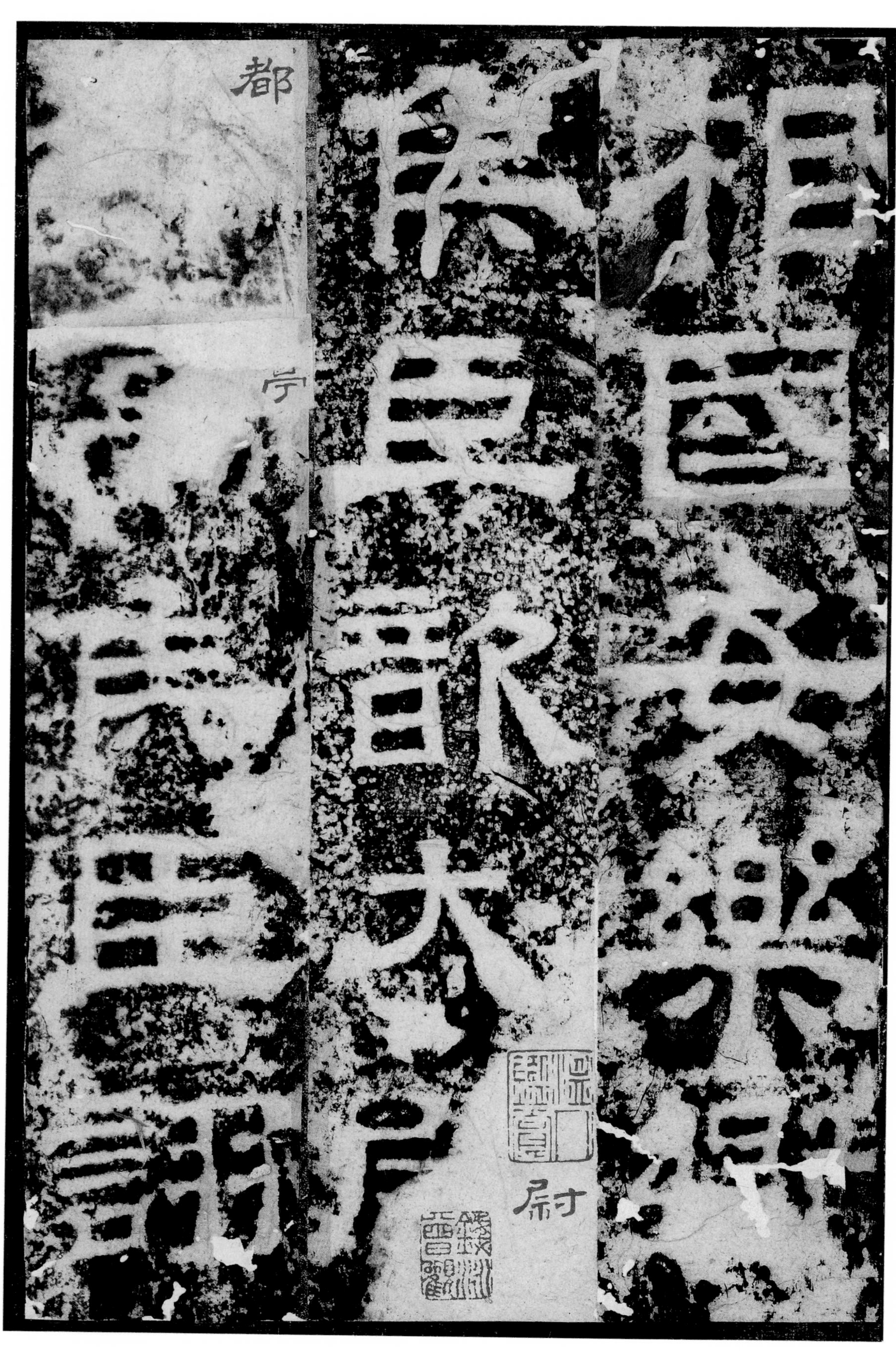

【碑陽】相國安樂鄉／侯臣歆、太尉／（都）亭侯臣詡、／

臣朗：王朗，本名嚴，字景興，東海郡郯縣人。曹魏名臣、經學家。

使持節：官名。古代使臣奉命出行，必執符節以爲憑證。魏晉始有使持節、持節、假節、假使節等職，權力雖分大小，但皆爲地方軍政長官，代表皇帝行使權力。唐時置節度使，持節之稱遂廢。

御史大夫安／陵亭（侯臣朗）、／使（持節行都督督軍車騎將軍陳侯）／

臣仁：曹仁，字子孝，沛國譙縣人，曹魏名將，曹操從弟，陳穆侯曹熾之子。少好弓馬弋獵，後跟從曹操，破袁術、攻陶謙、擒呂布、敗劉備，歷官渡、渭南之戰，功勛卓著。黃初四年，敗於吴將朱桓，鬱鬱而卒，謚號『忠』。

臣若：劉若，曹魏名將，曹操心腹僚屬。

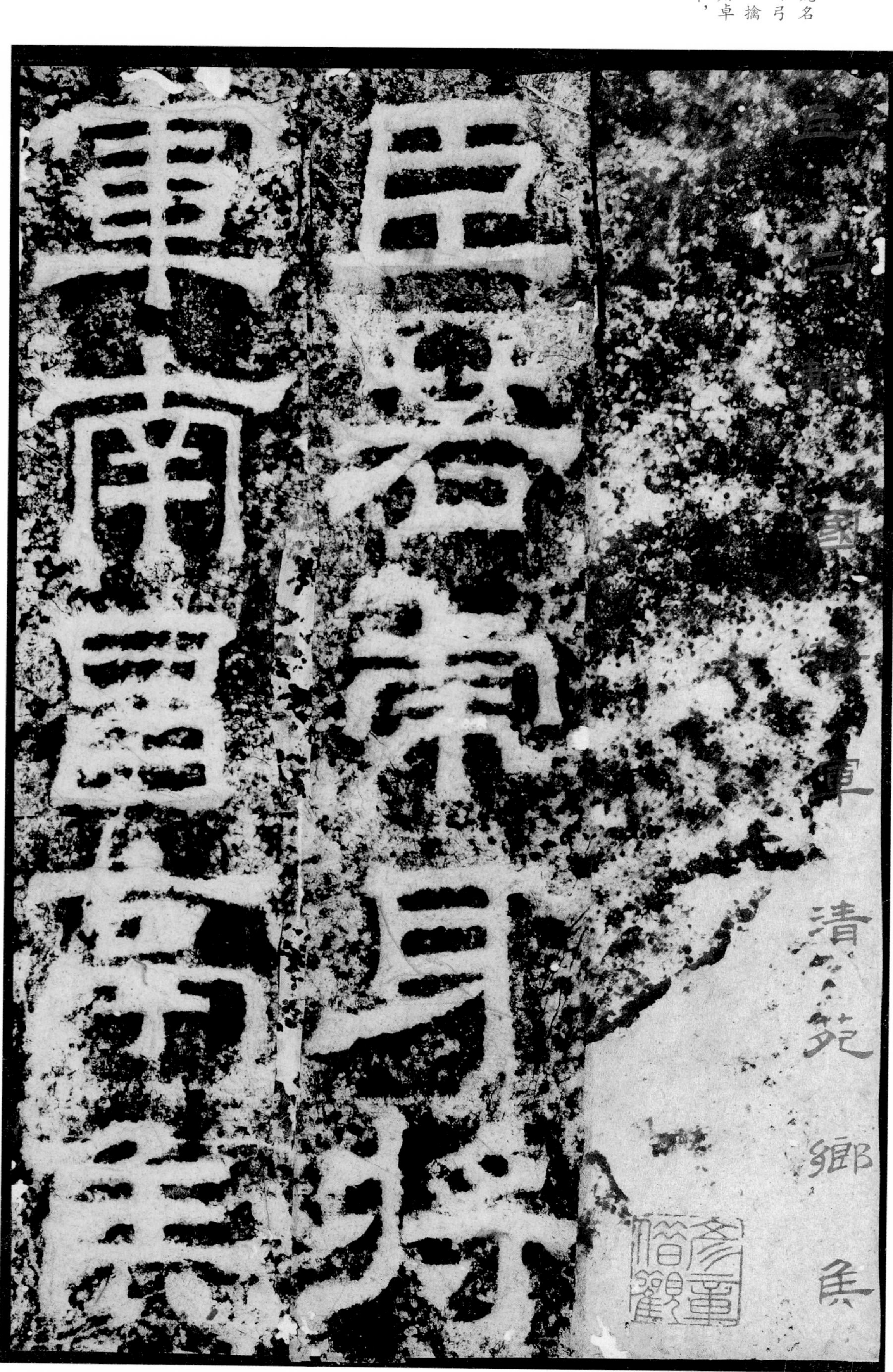

（臣仁、輔國將軍清苑鄉侯）／臣若、虎牙將／軍南昌亭侯／

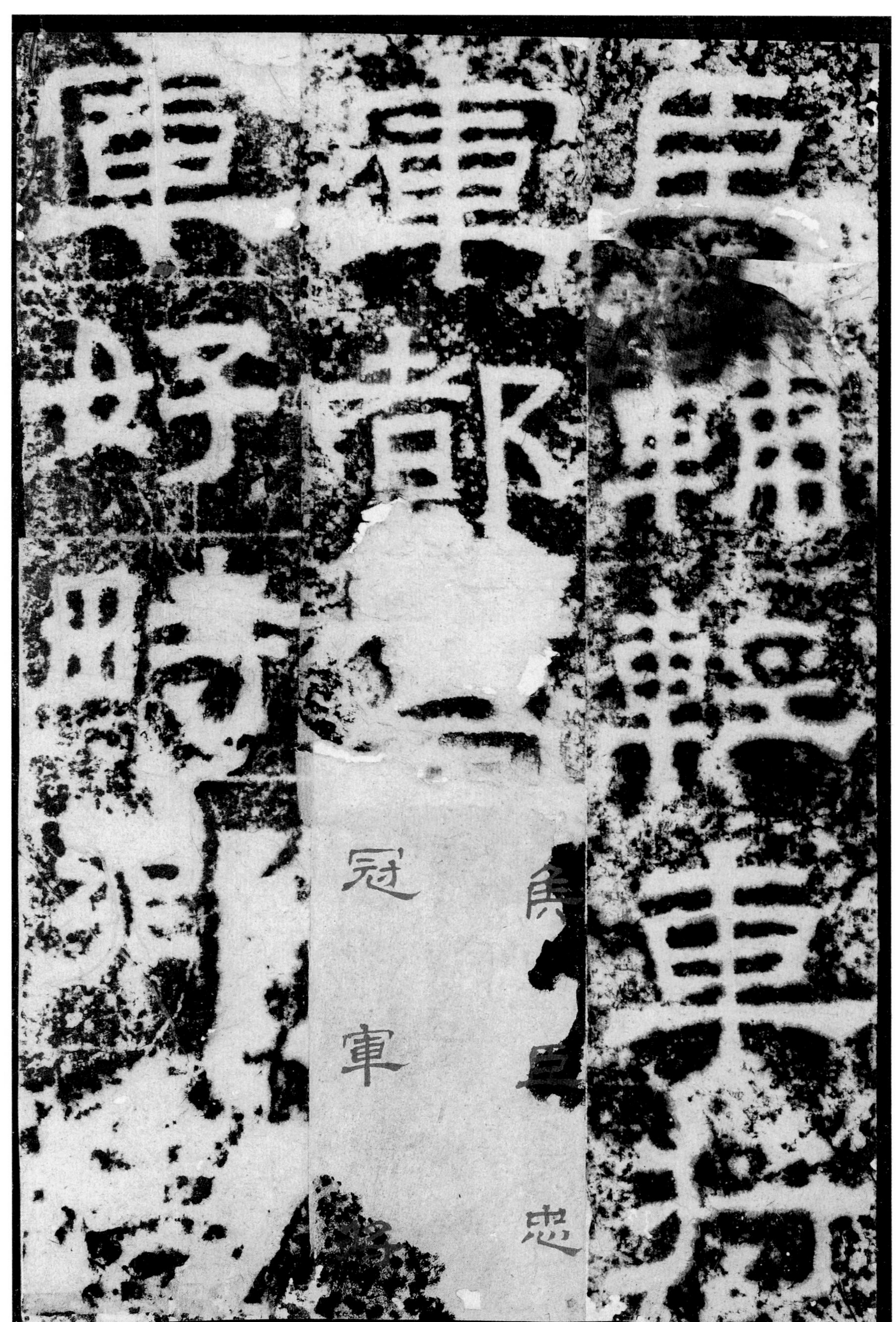

臣輔、輕車將／軍都亭（侯臣忠、冠軍將）／軍好時鄉侯／

臣洪：曹洪，字子廉，沛國譙縣人，曹魏名將，曹操從弟。早年隨曹操討伐董卓，滎陽兵敗，捨命獻馬。平兖州、征劉表、討祝臂，歷官渡、漢中之戰，功勛卓著。太和六年卒，謚號『恭』。

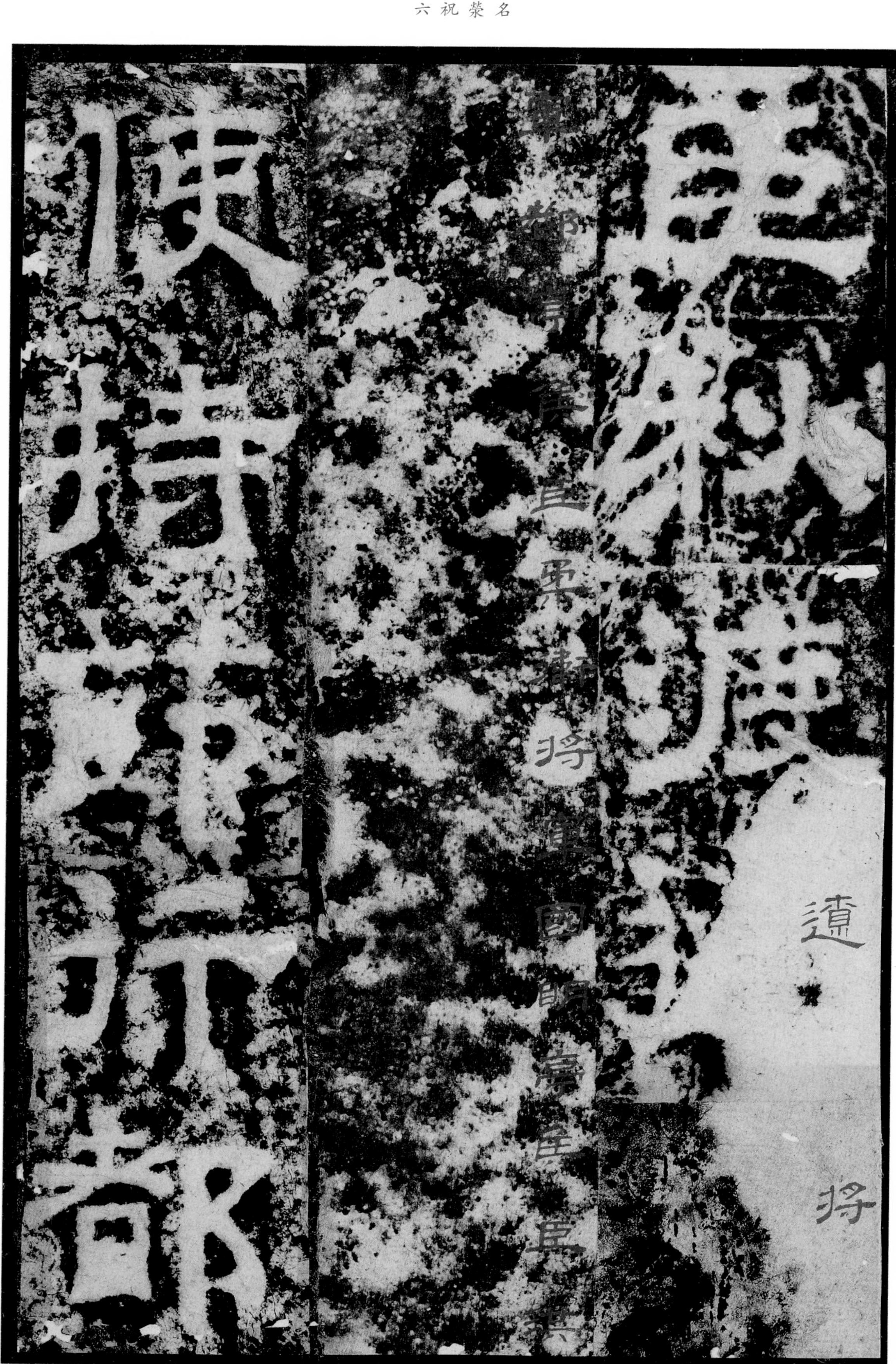

臣秋、渡（遼將／軍都亭侯臣柔、衛將軍國明亭侯臣洪、）／使持節行都／

臣真：曹真，字子丹，沛國譙縣人，曹魏名將，曹操養子。力大勇猛，歷武帝曹操、文帝曹丕、明帝曹叡三朝，太和五年卒，謚號『元』。

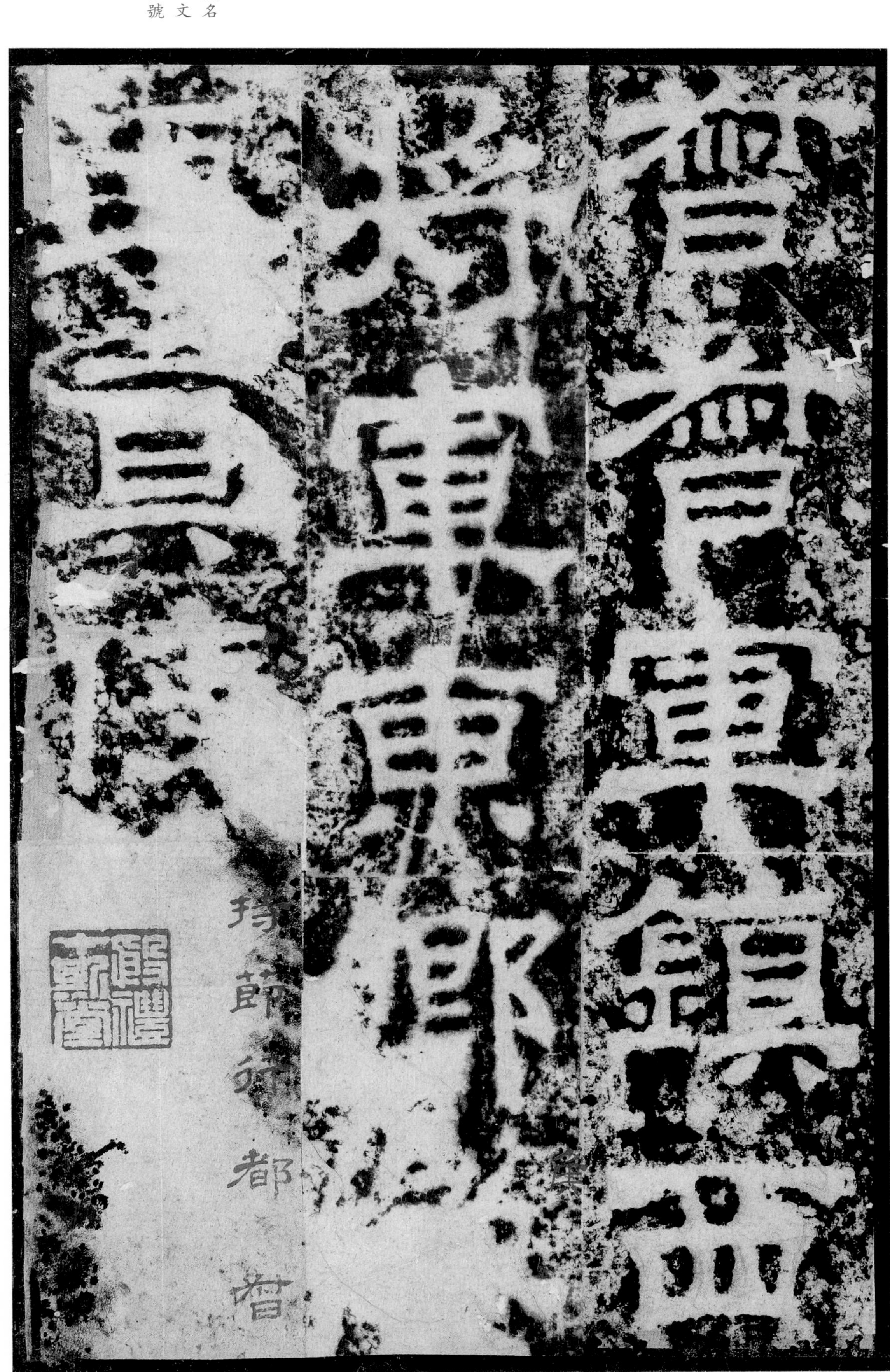

督督軍鎮西／將軍東鄉侯／臣真、使（持節行都督）／

臣休：曹休，字文烈，沛國譙縣人，曹魏將領，曹操族子。太和二年，兵敗於石亭之戰，後卒於毒瘡發作，謚號『壯』。

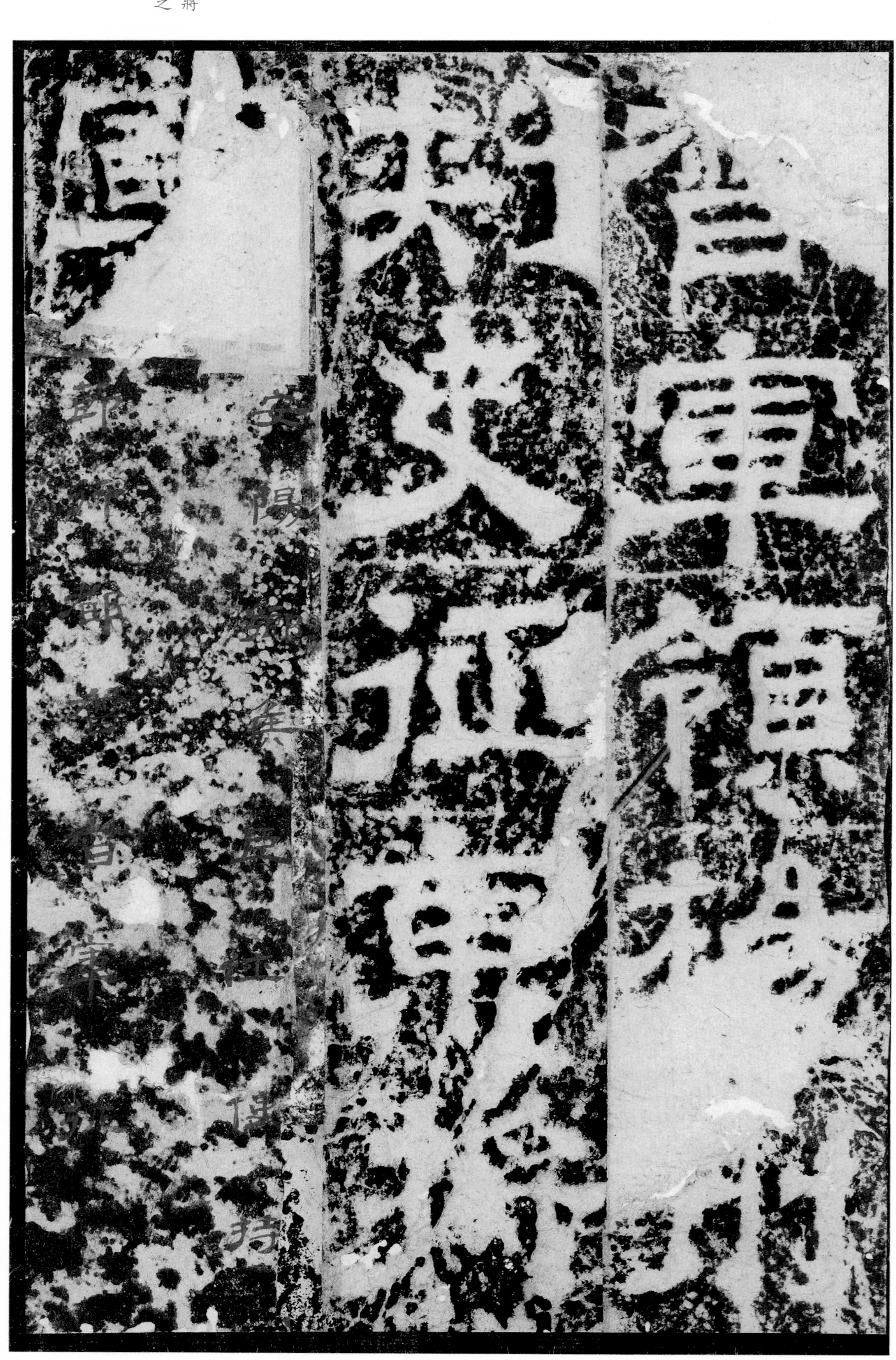

督軍領揚州／刺史征東將／軍（安陽鄉侯臣休、使持節行都督督軍征）／

臣尚：夏侯尚，字伯仁，沛國譙郡人，曹魏名將，征西將軍夏侯淵從侄。黄初七年卒，謚號『悼』。

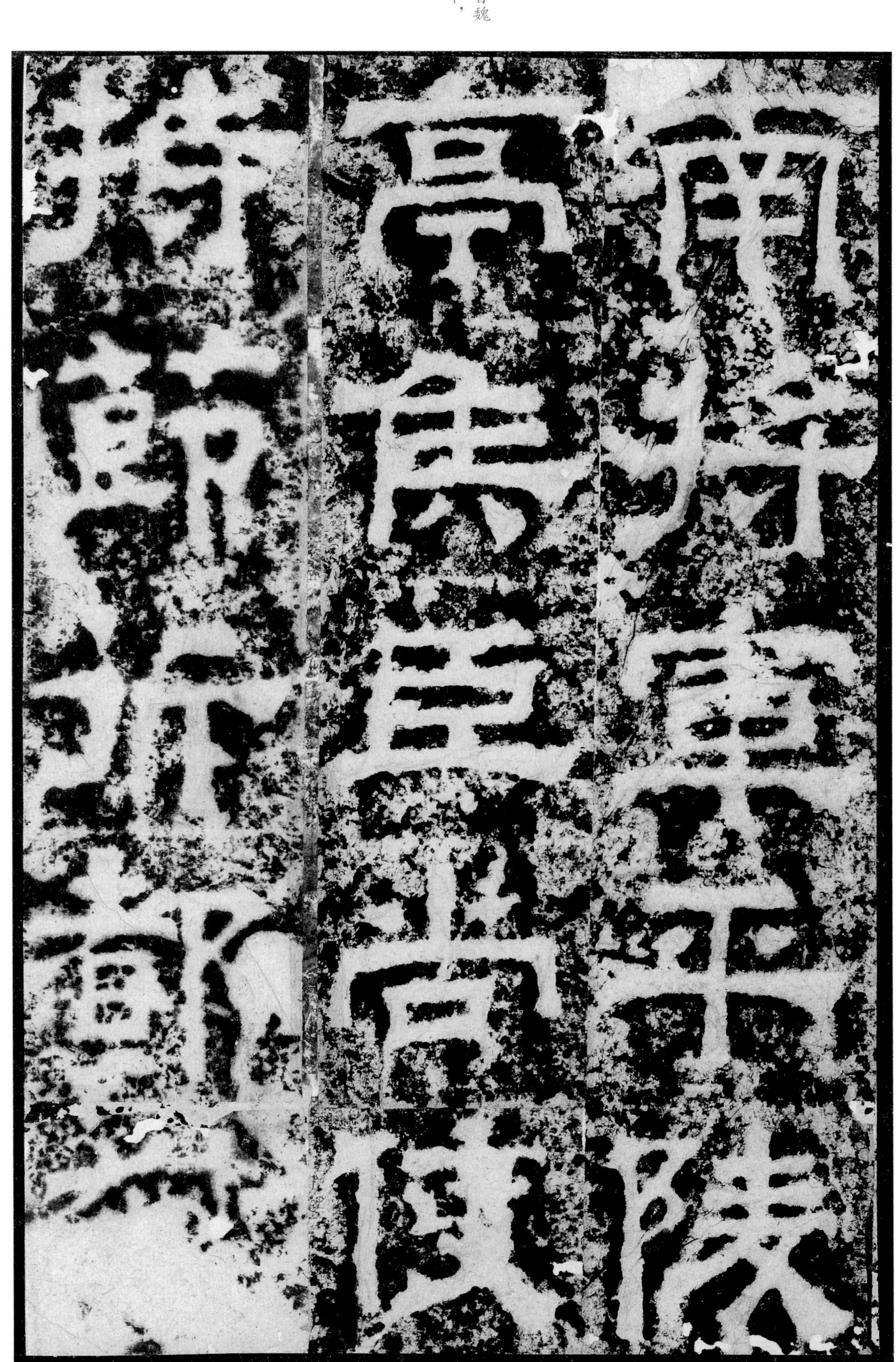

南將軍平陵／亭侯臣尚、使／持節行都督／

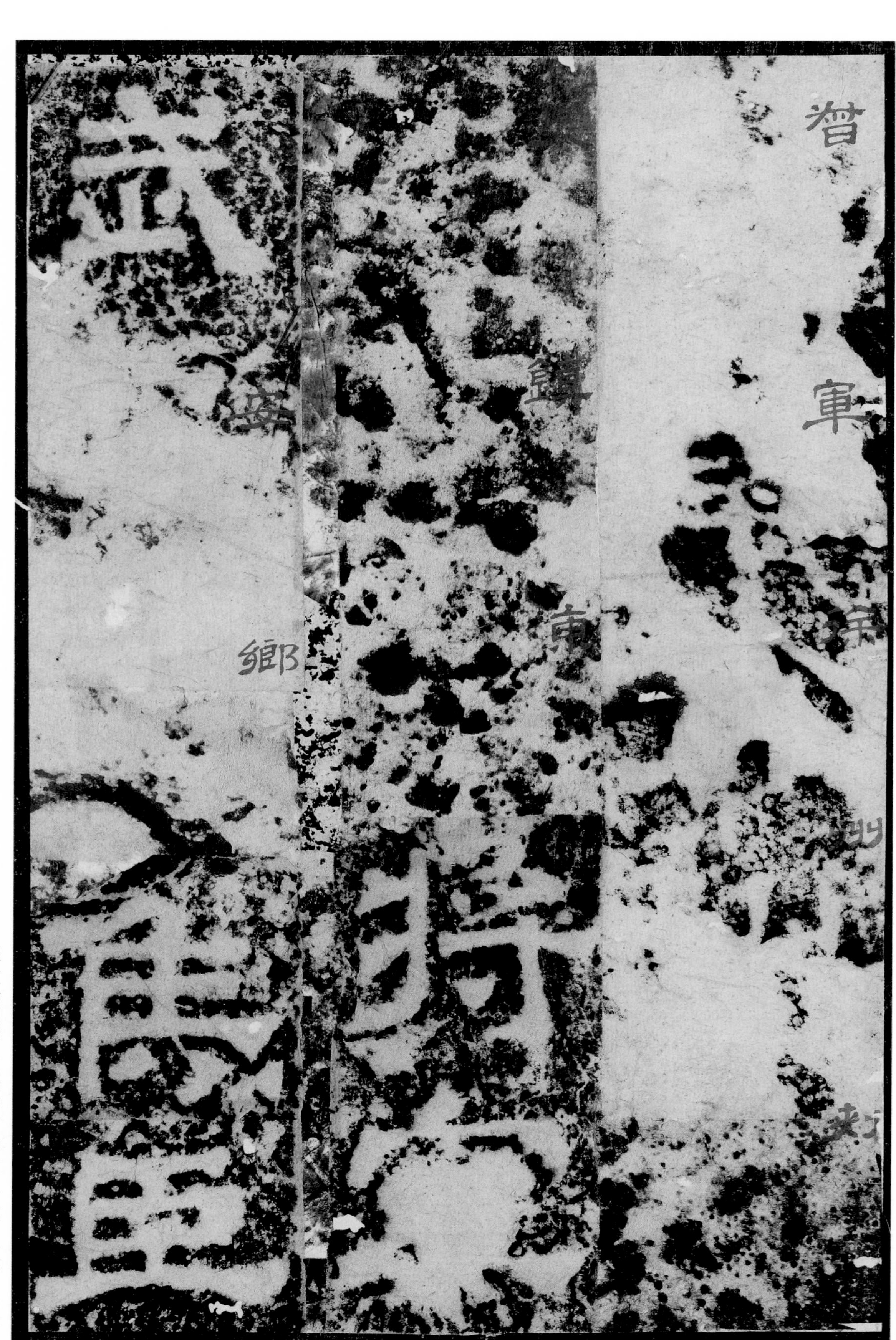

（督軍徐州刺／史鎮東）將軍／武（安鄉）侯臣／

臣霸：臧霸，字宣高，泰山郡華縣人，曹魏名將。卒後謚號『威』。

臣郃：張郃，字儁乂，河間郡鄚縣人，曹魏名將。攻河北，定淮南，平凉州，奪漢中，屢建戰功。太和五年，追擊蜀軍至木門，中箭身亡，謚號『壯』。

臣晃：徐晃，字公明，河東郡楊縣人，曹魏名將。早年隨楊奉，後歸順曹操，歷徐州、官渡、白狼山、南郡、渭南、凉州、漢中諸戰，功勛卓著。太和元年卒，謚號『壯』。

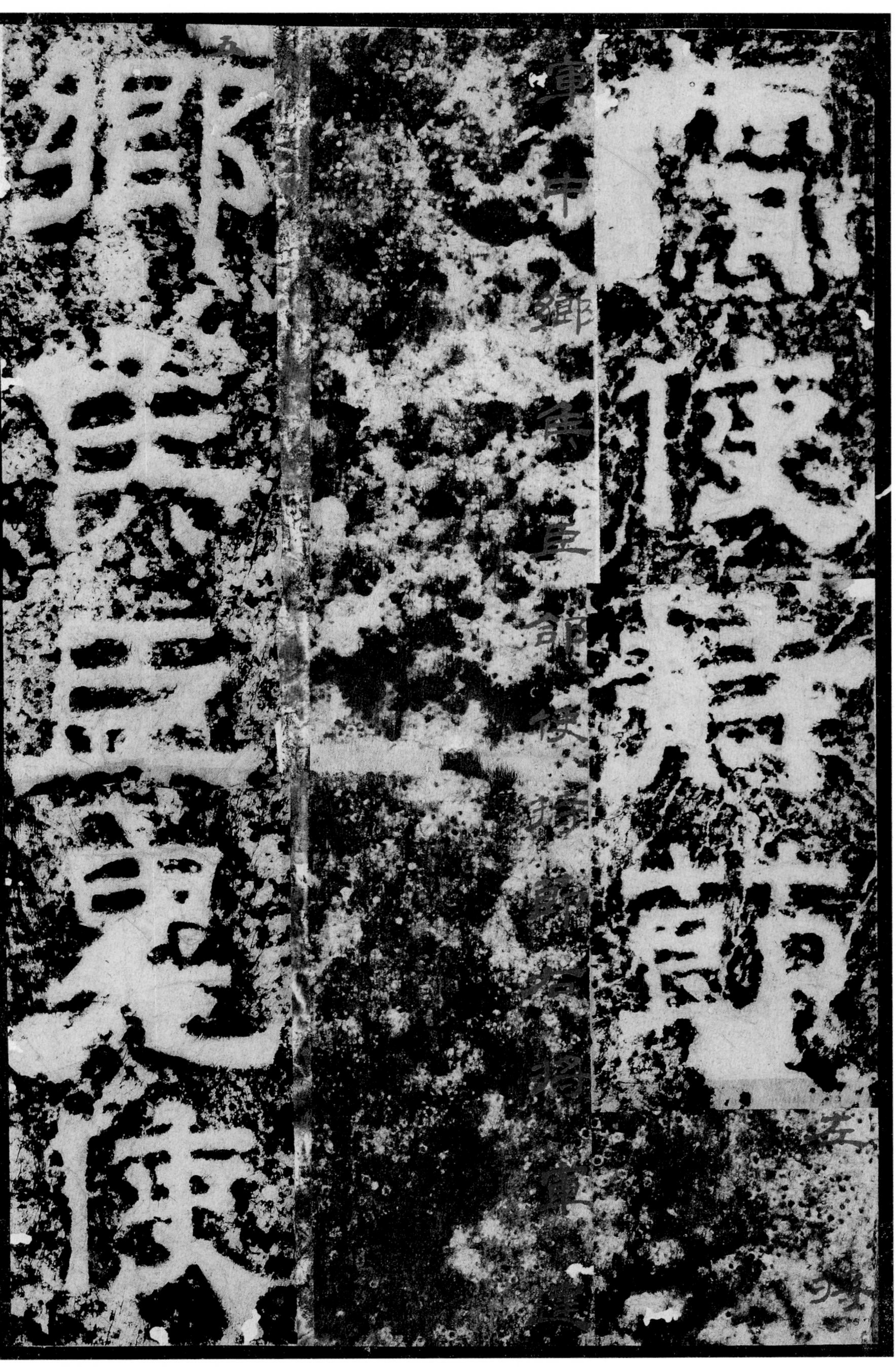

霸、使持節（左將／軍中鄉侯臣郃、使持節右將軍建）／鄉侯臣晃、使／

臣遼：張遼，字文遠，雁門郡馬邑人，曹魏名將。先後跟隨丁原、何進、董卓、呂布、曹操，歷白狼山、合肥之戰。黃初三年卒，謚號『剛』。

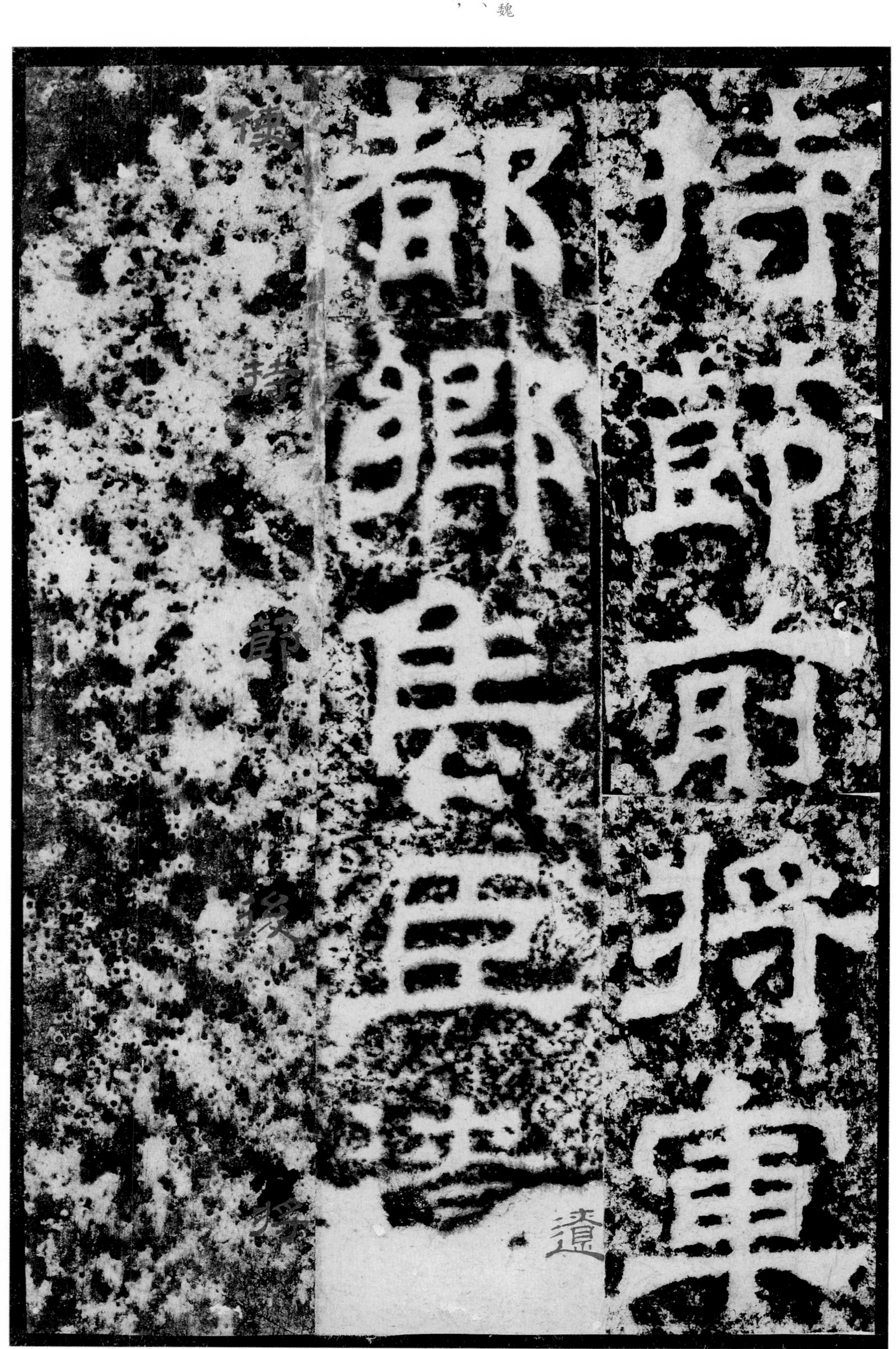

持節前將軍／都鄉侯臣遼、／（使持節後將）／

臣泉：呼厨泉，南匈奴單于羌渠之子，單于于夫羅之弟，曾派右賢王去卑助漢獻帝東歸。建安二十一年，趁呼厨泉覲見漢獻帝之際，曹操將其留在鄴城，以爲人質。

奉常：官名，亦稱『太常』。秦置，九卿之首，魏晋時主管祭祀、朝會、喪葬等典禮儀式。

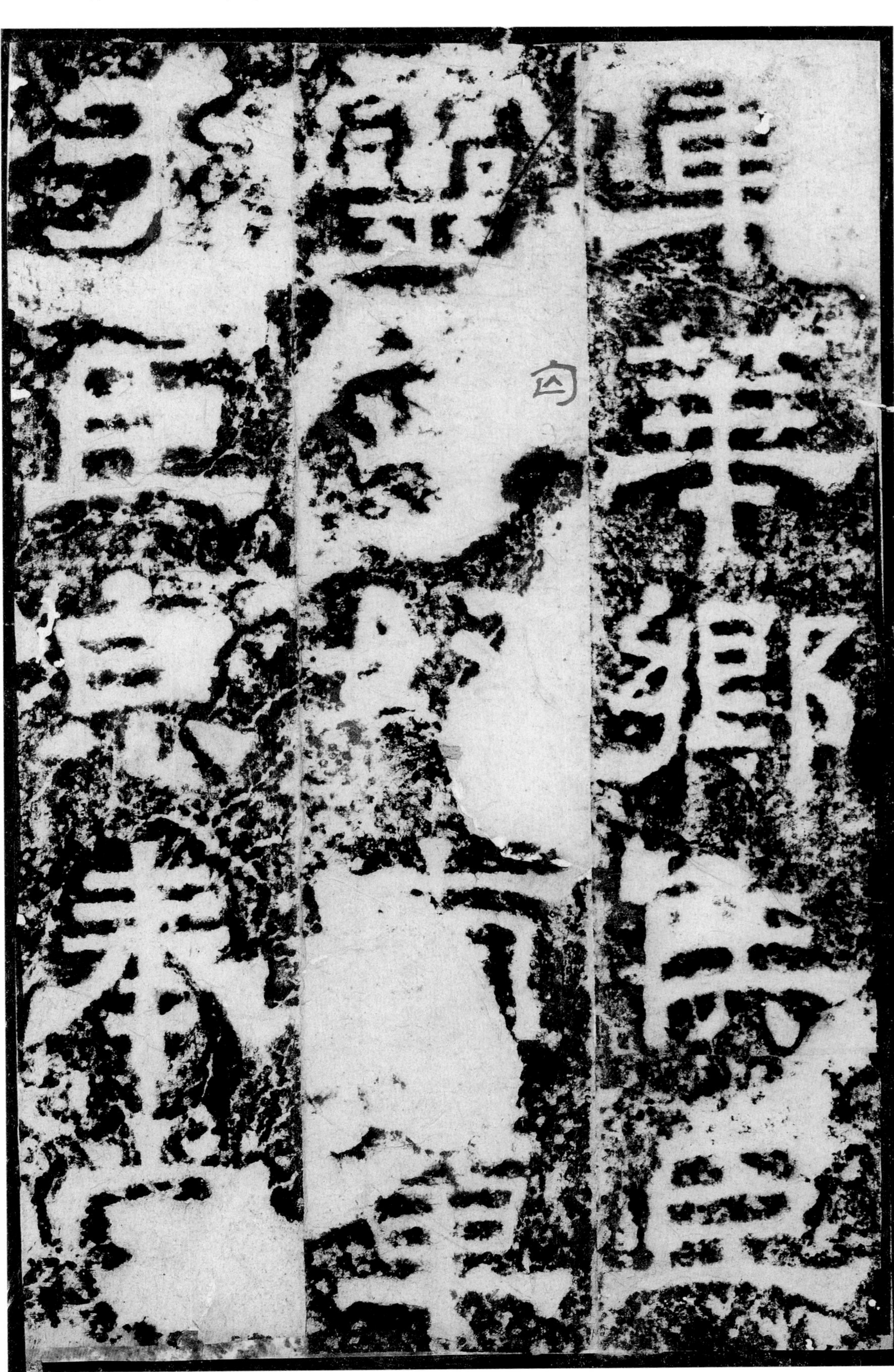

軍華鄉侯臣／靈、匈奴南單／于臣泉、奉常／

郎中令：官名。秦置，九卿之一，司掌宫廷侍衛，曾改名『光禄勛』，漢魏沿置，職責略有不同，爲皇帝近身高官，地位僅次於奉常。

衛尉：官名。秦置，九卿之一，統率衛士守衛宫禁，位次於郎中令，漢魏沿置。

臣昱：程昱，本名立，字仲德，兖州東阿人，曹魏謀士、名臣。跟隨曹操後，爲其出謀獻策、征戰四方。黄初元年卒，謚號『肅』。

大僕：官名，即『太僕』。周置，九卿之一，司掌皇帝車駕馬匹等事務。

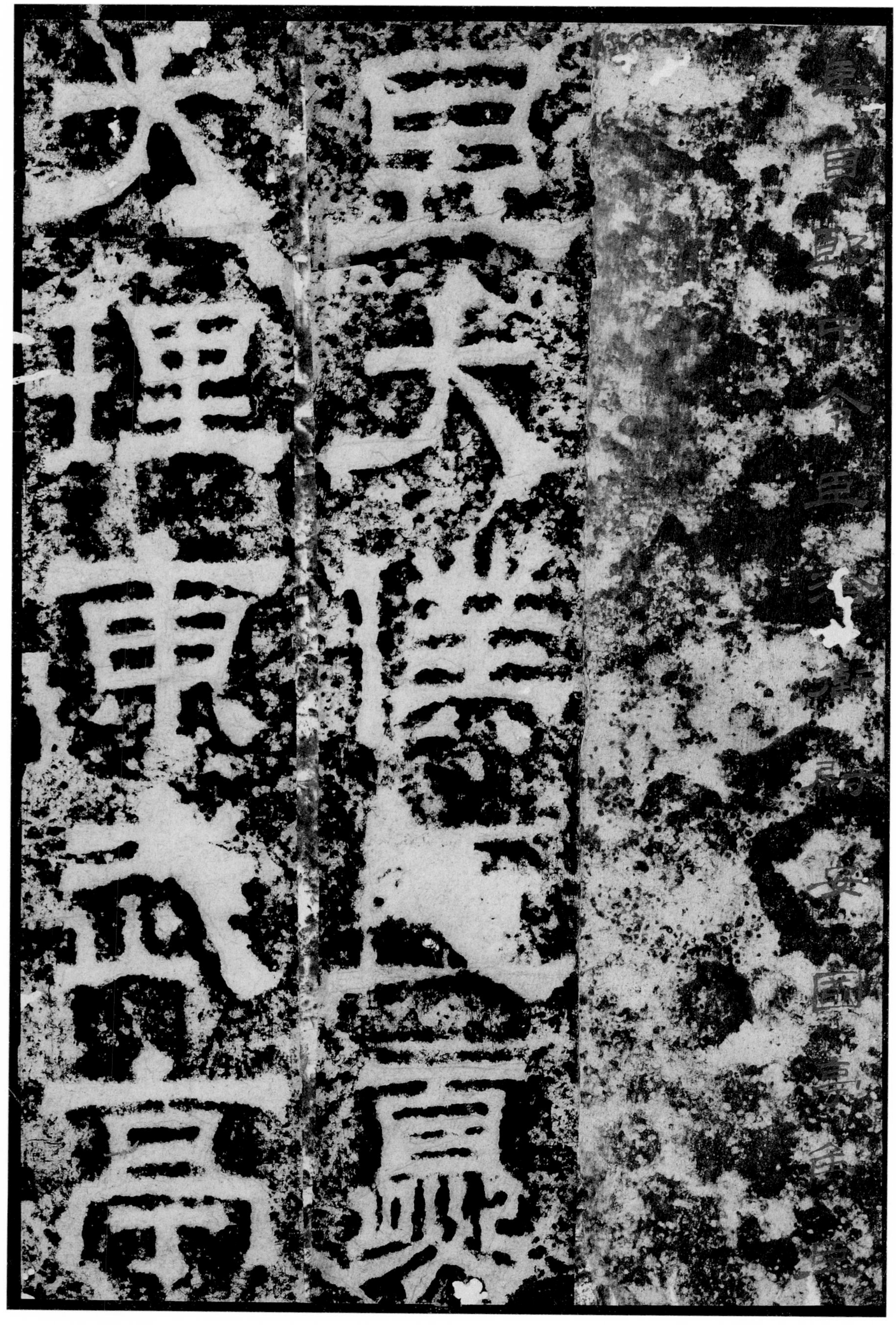

（臣貞、郎中令臣洽、衛尉安國亭侯臣）／昱、大僕臣夔、／大理東武亭／

臣繇：鍾繇，字元常，豫州潁川人，曹魏名臣，書法家。舉孝廉入仕，深得曹操信任。太和四年卒，謚號『成』。其書法與王羲之并稱『鍾王』。

少府：官名。九卿之一，司掌皇室私財與日常生活等事務。

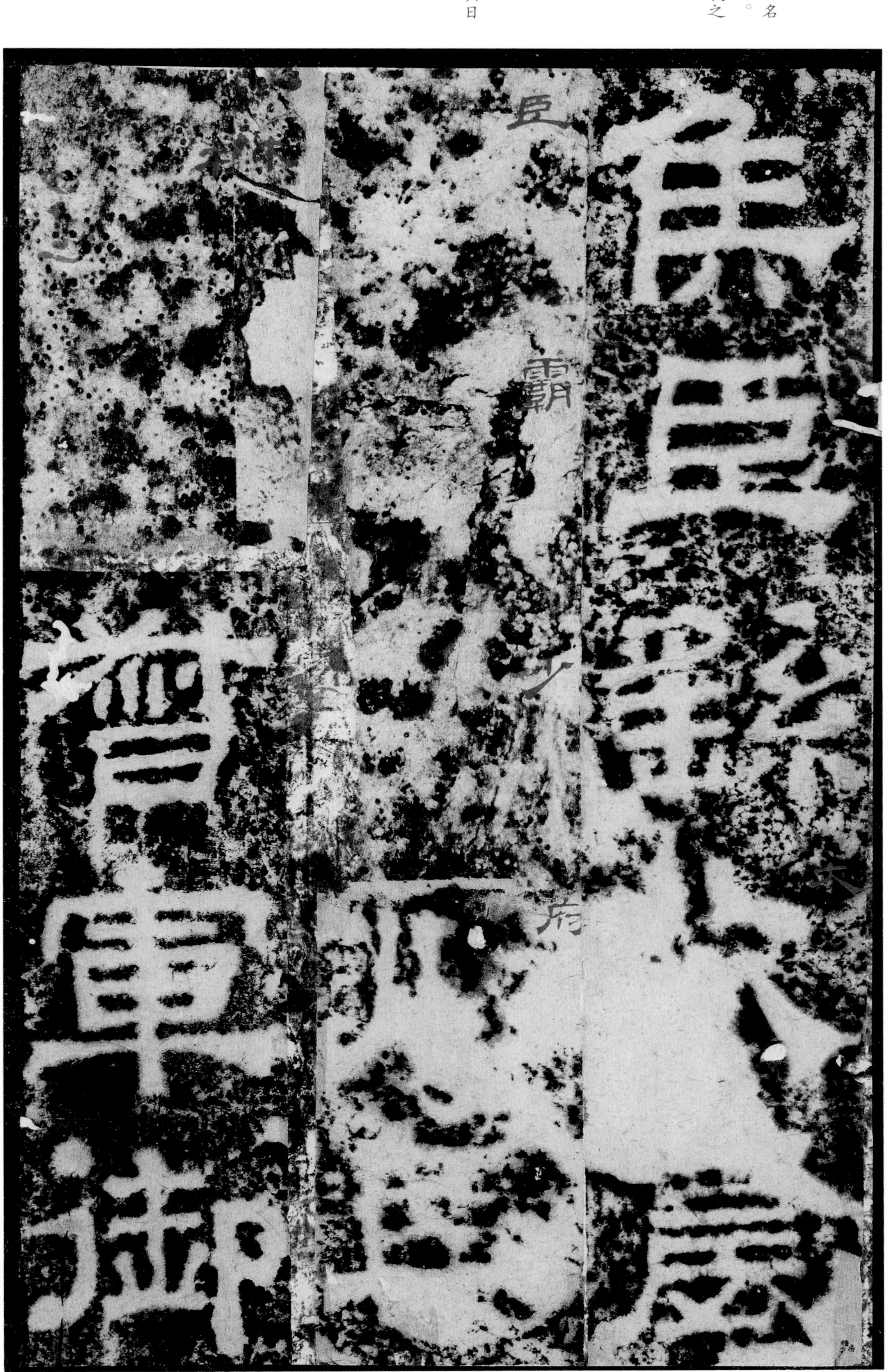

侯臣繇、大農／（臣霸、少府）臣／（林）、督軍御／

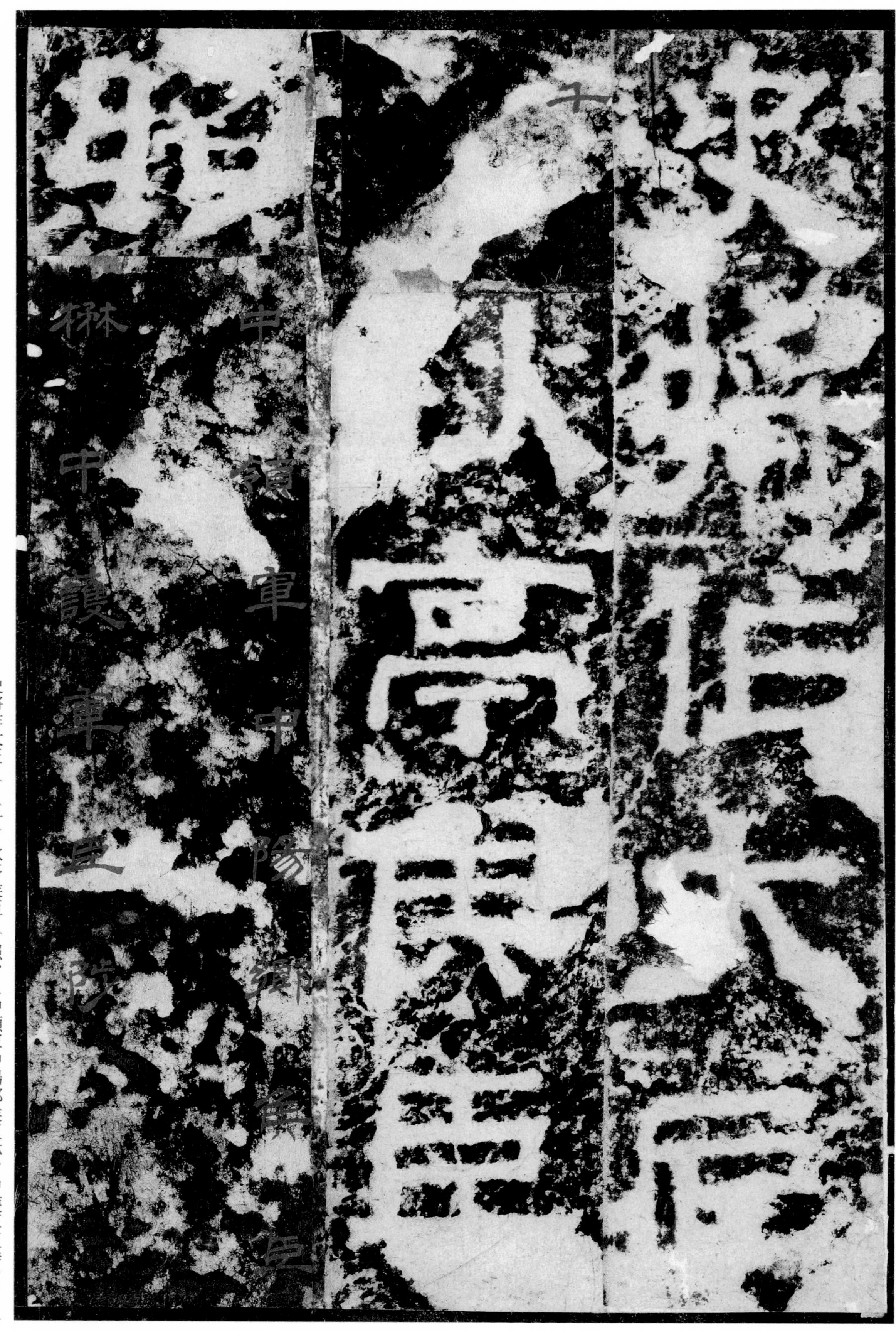

史將作大匠／（千）秋亭侯臣／照、（中領軍中陽鄉侯臣林、中護軍臣陟、）／

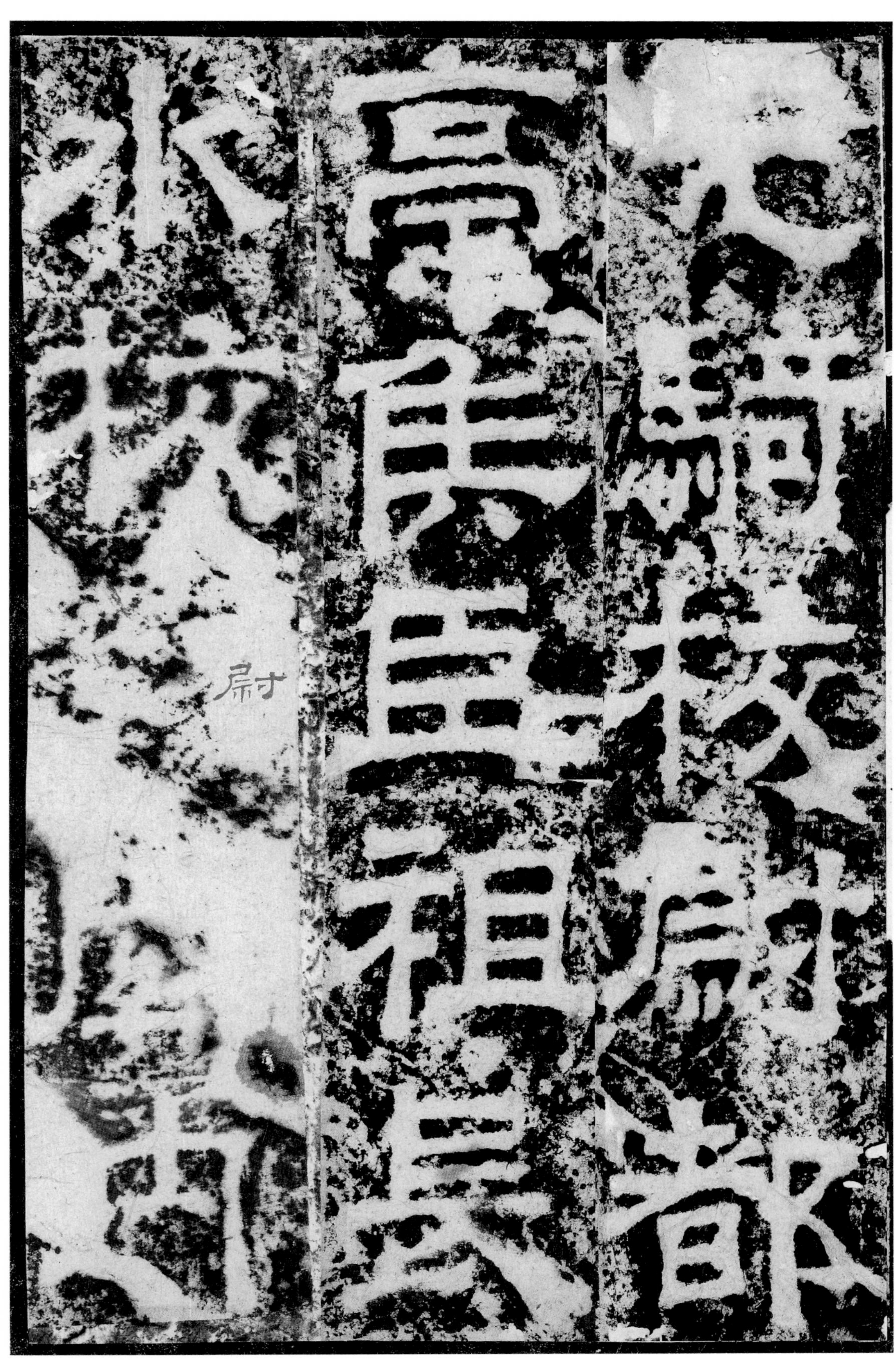

屯騎校尉都／亭侯臣祖、長／水校（尉）關内／

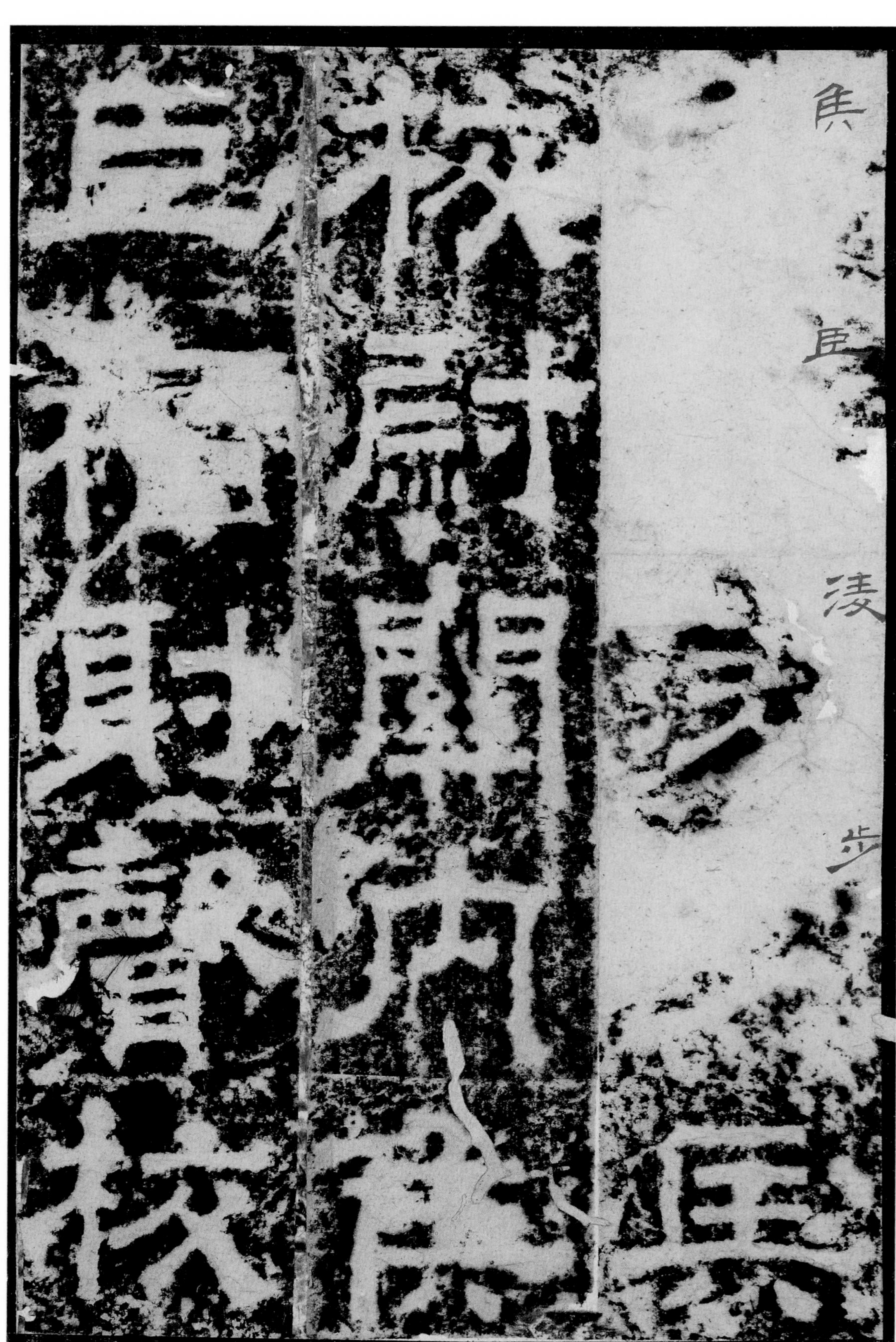

（侯臣凌、步）兵／校尉關内侯／臣福、射聲校／

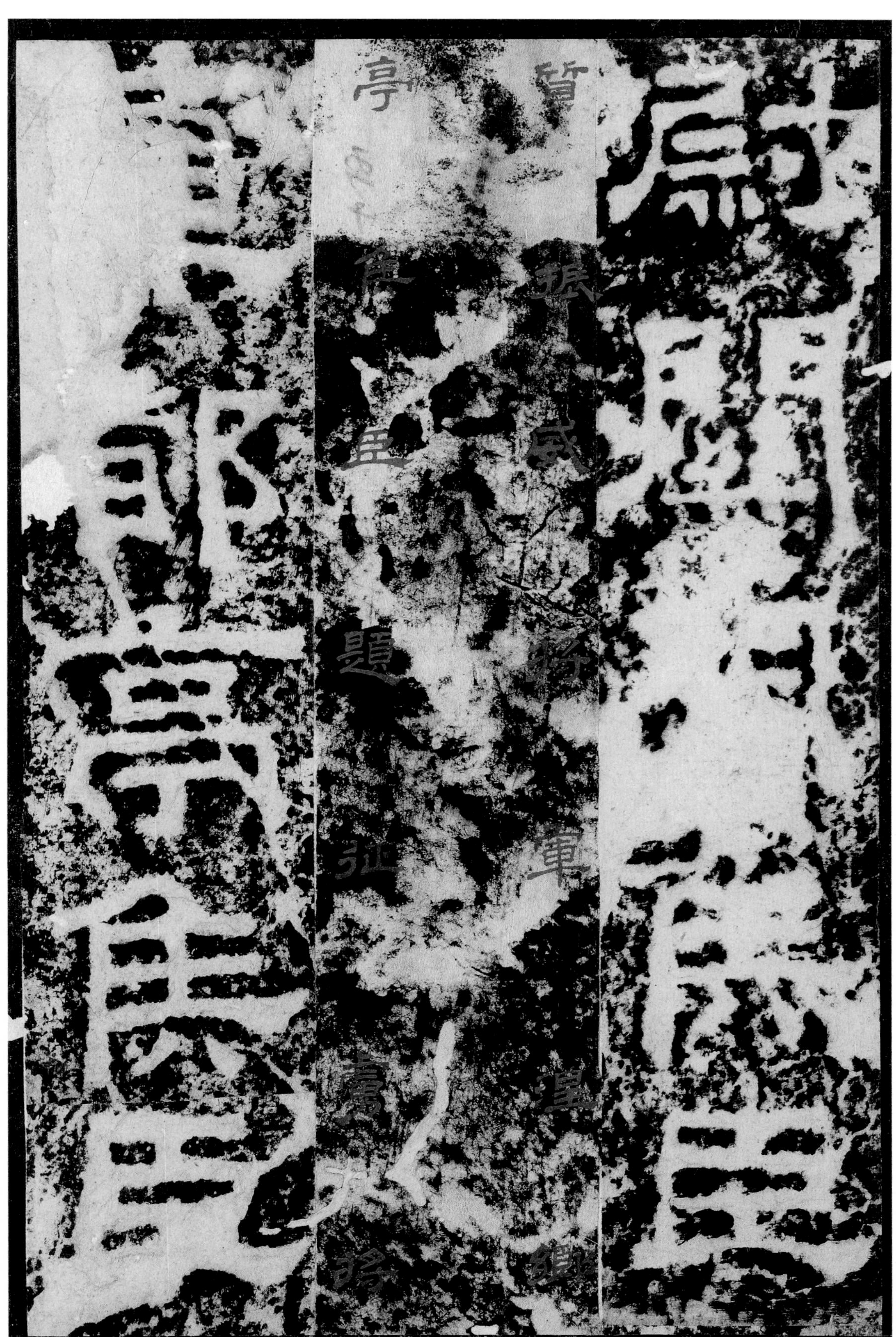

尉關内侯臣／（質、振威將軍涅鄉亭侯臣題、征虜將）／軍都亭侯臣／

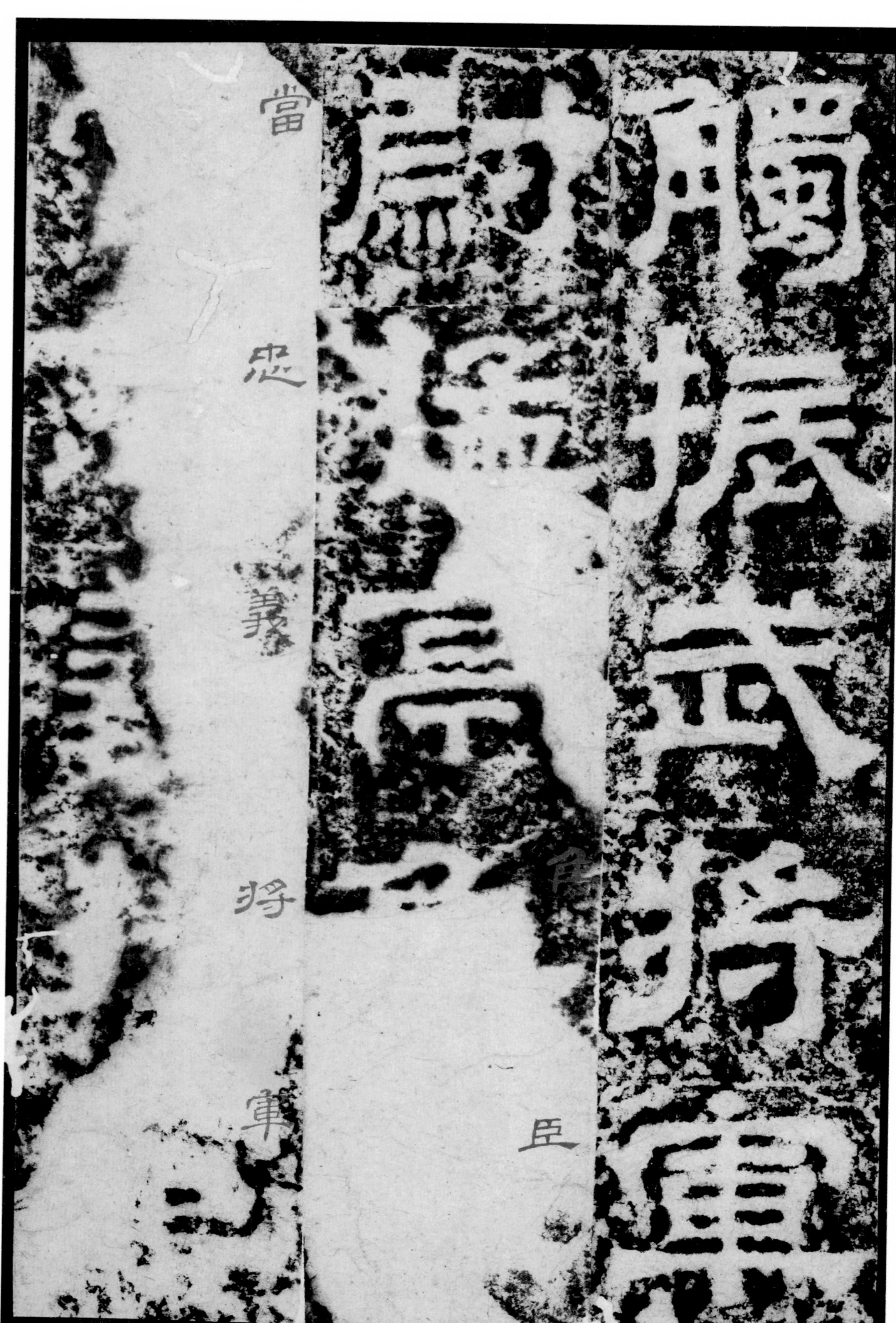

觸、振武將軍／尉猛亭（侯臣／當、忠義將軍）／

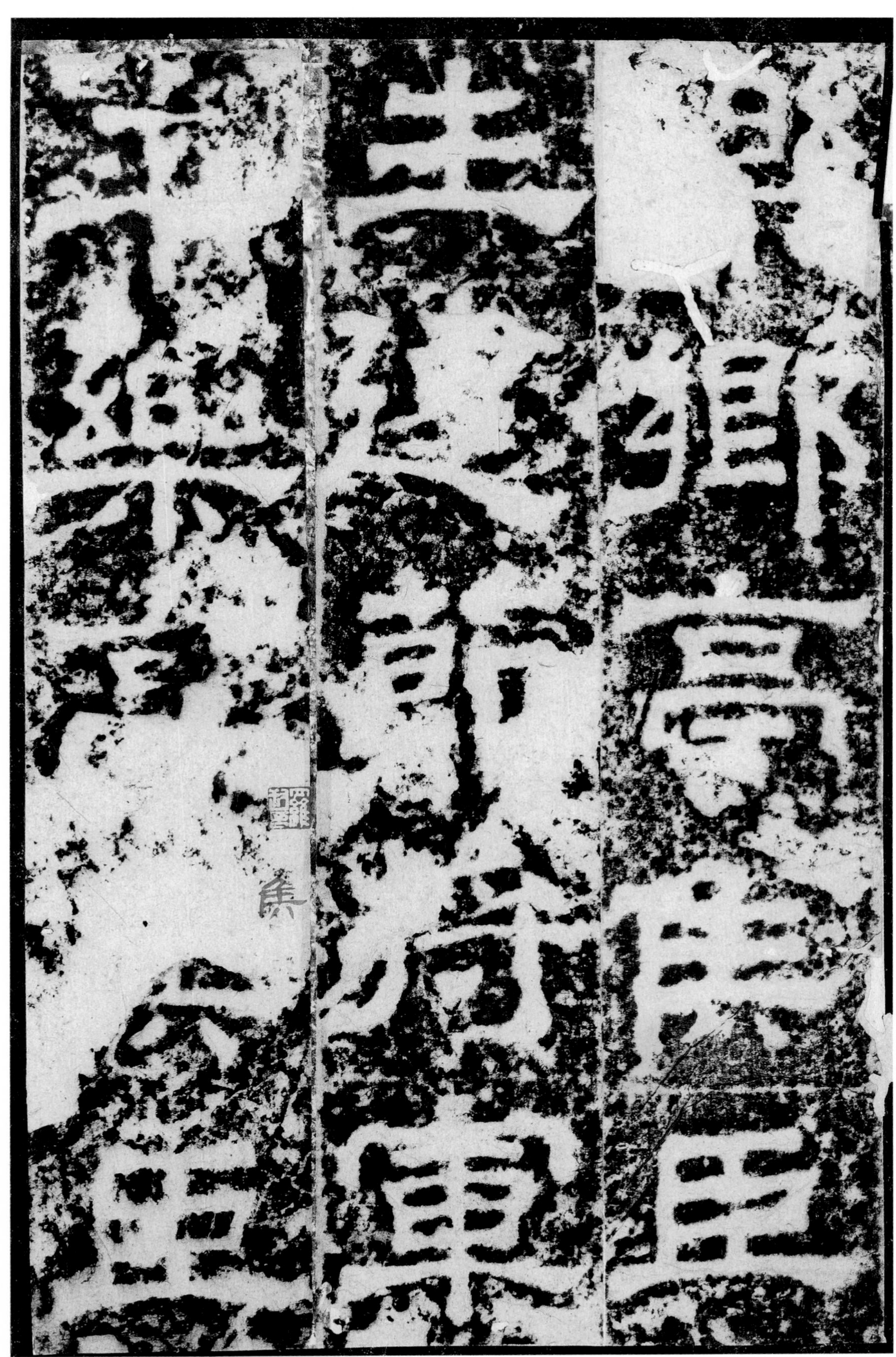

樂鄉亭侯臣／生、建節將軍／平樂（亭侯）臣／

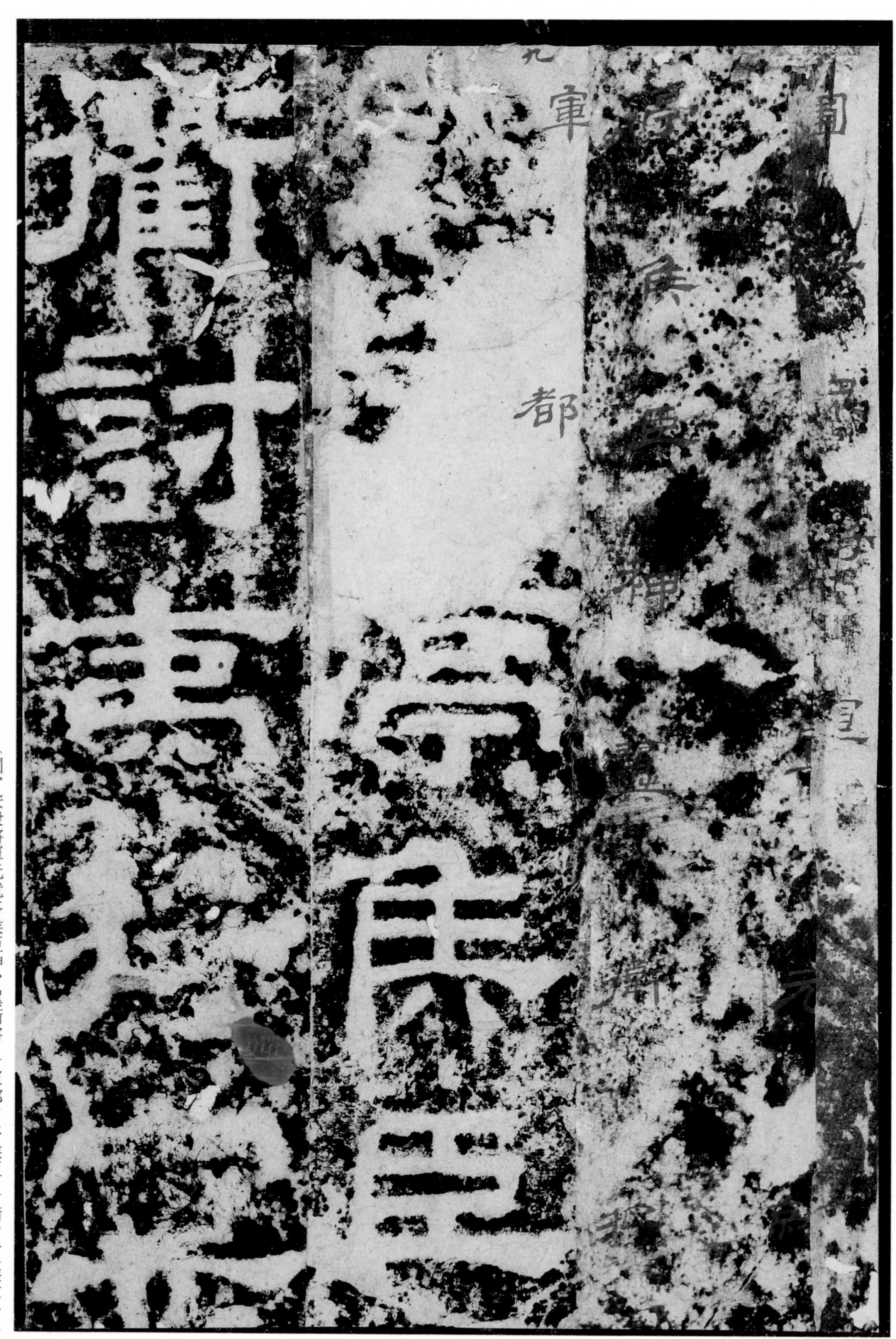

（圃、安衆將軍元就亭侯臣神、翼衛將／軍都）亭侯臣／衢、討夷將軍／

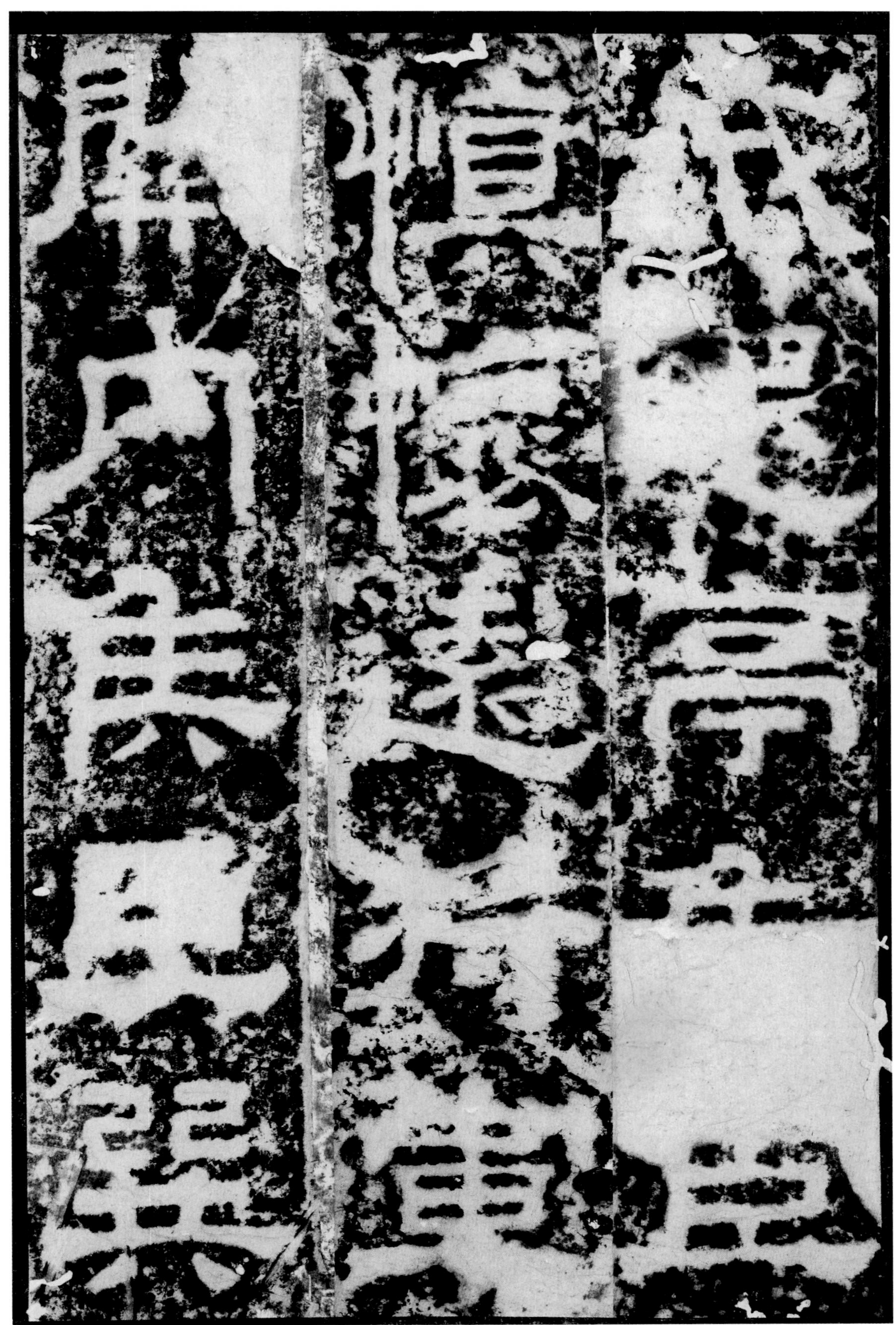
成遷亭（侯）臣／慎、懷遠將軍／關内侯臣巽、／

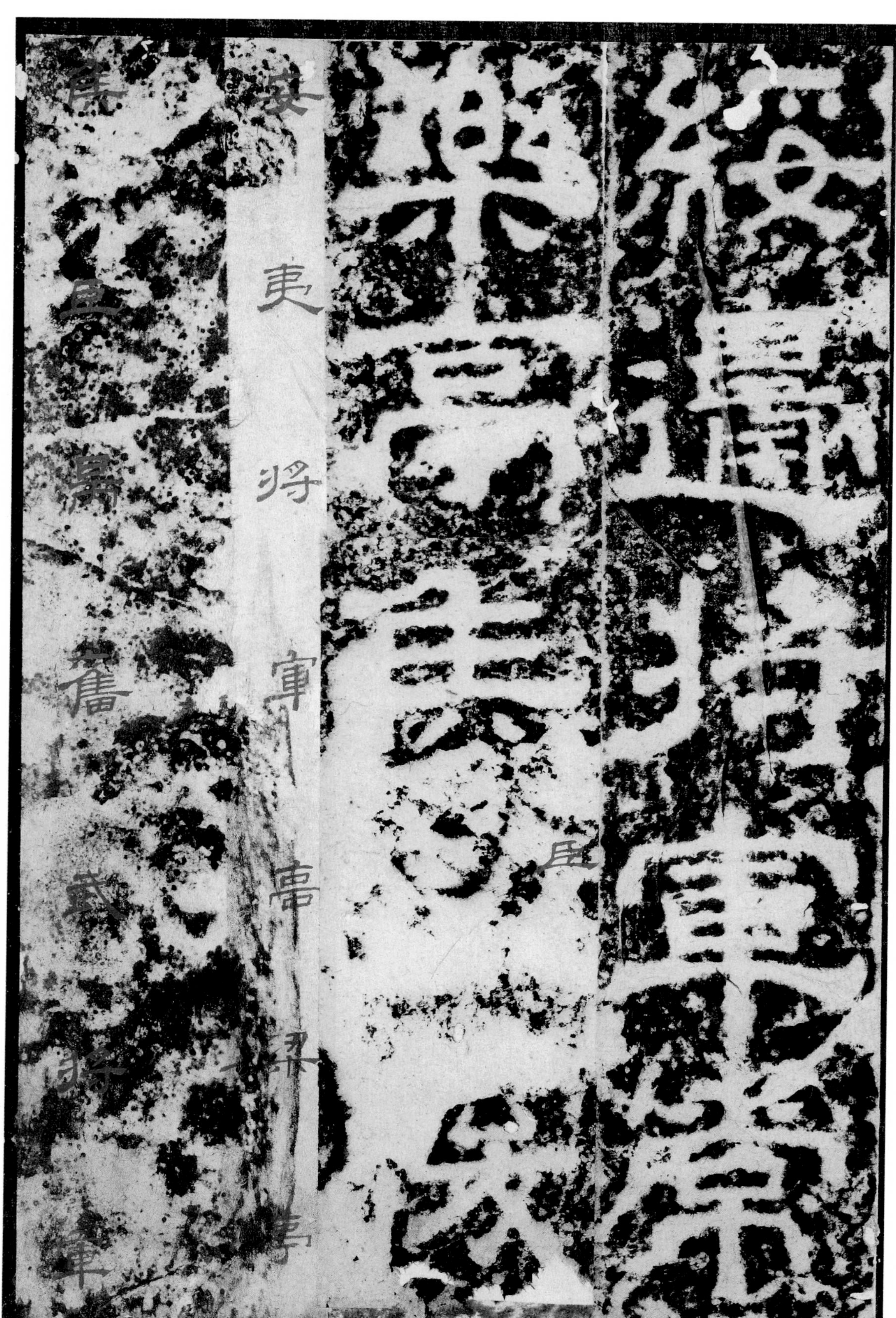

綏邊將軍常／樂亭侯（臣）俊、／（安夷將軍高梁亭侯臣曇、奮武將軍）／

稽首：古代跪拜禮『九拜』之中最恭敬者，常爲臣子拜見君王時所用。行禮時屈膝下跪，雙手至地，頭置於手上并停留片刻。《周禮·春官·大祝》：『一曰稽首，二曰頓首，三曰空首……』賈公彥注：『一曰稽首，其稽，稽留之字。頭至地多時，則爲稽首也……稽首，拜中最重，臣拜君之拜。』稽，停留。

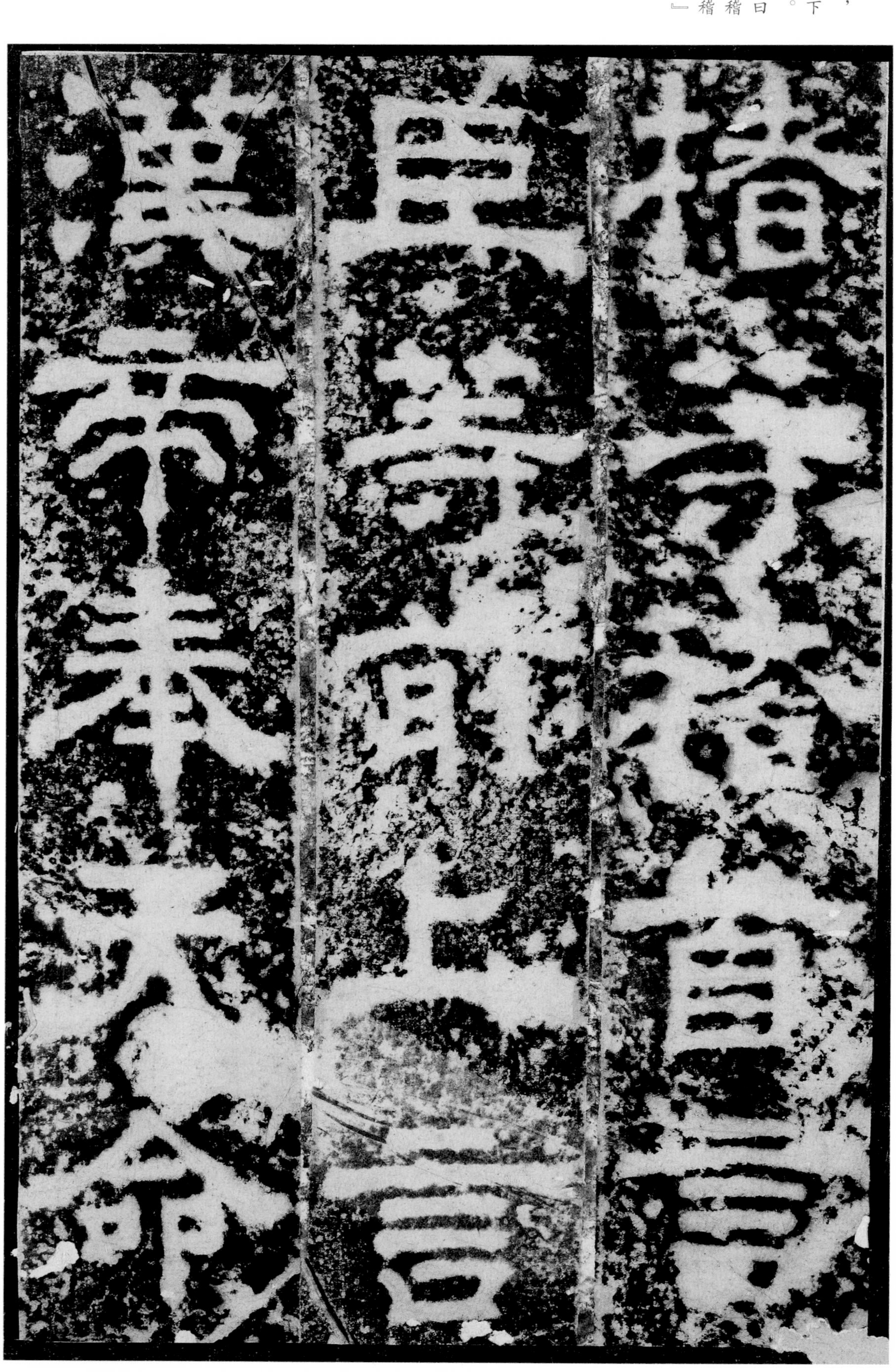

楮等，稽首言：／臣等前上言，／漢帝奉天命／

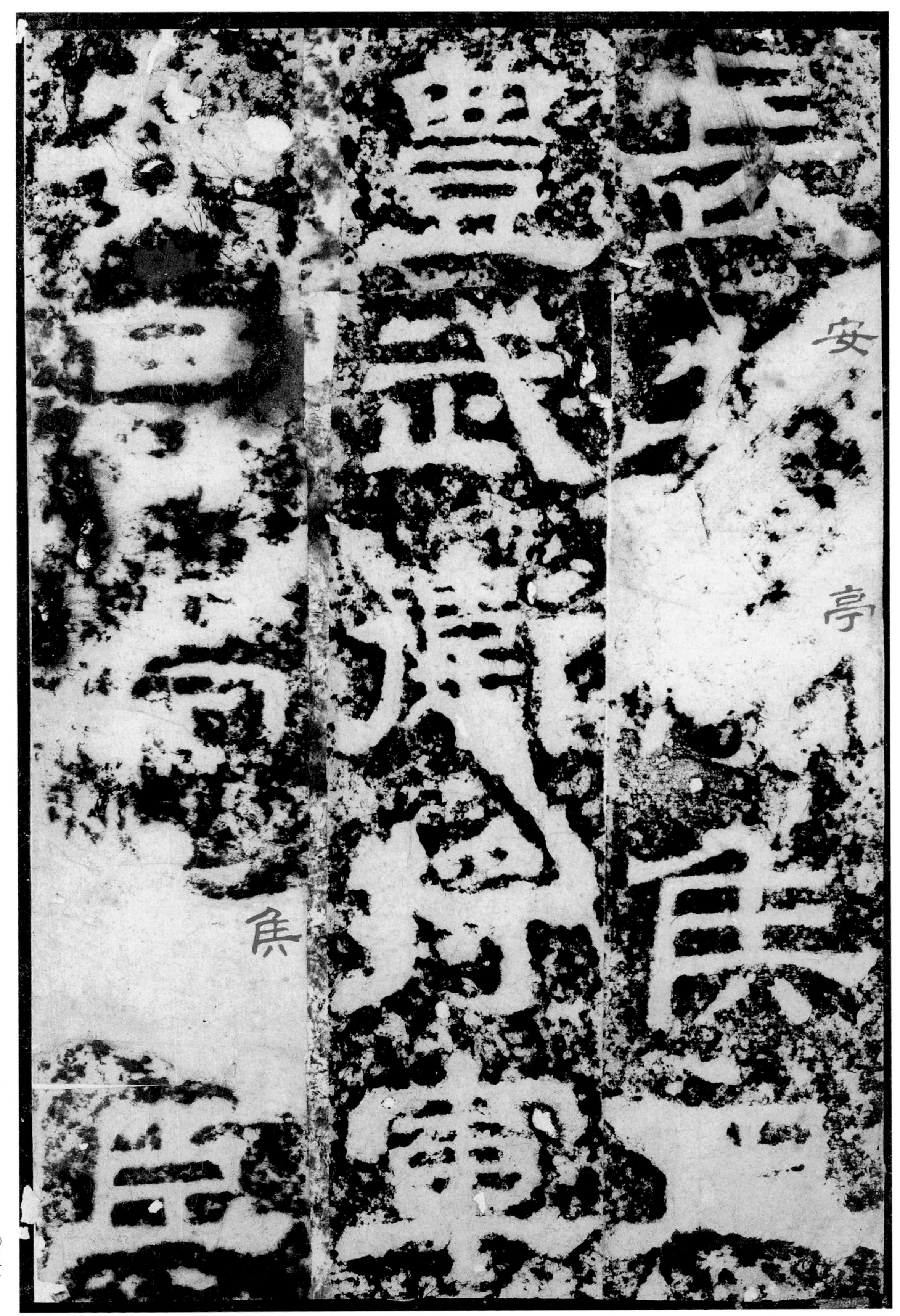

長安（亭）侯臣／豐、武衛將軍／安昌亭（侯）臣／

禪：本意祭天，此指禪讓，古代君王移交統治權力的一種方式，傳位於同姓者稱『內禪』，於外姓者稱『外禪』。

陛下：指魏文帝曹丕，字子桓，沛國譙縣人。文武雙全，博覽經傳。漢獻帝建安二十二年（二一七），經過一番爭奪，曹丕最終戰勝曹植被立爲世子。建安二十五年，繼任丞相、魏王，同年代漢稱帝。在位期間，施行九品中正制，完成了北方地區的穩定統一。黃初七年（二二六），卒於洛陽，年四十，謚號『文』，葬於首陽陵。其文學卓有成就，與父曹操、弟曹植并稱『建安三曹』。

以固（禪，羣臣／因天命以固請，而）／陛下（違）天命／

神祇：天地之神明。《史記·宋微子世家》：『今殷民乃陋淫神祇之祀。』裴駰引馬融注：『天曰神，地曰祇。』

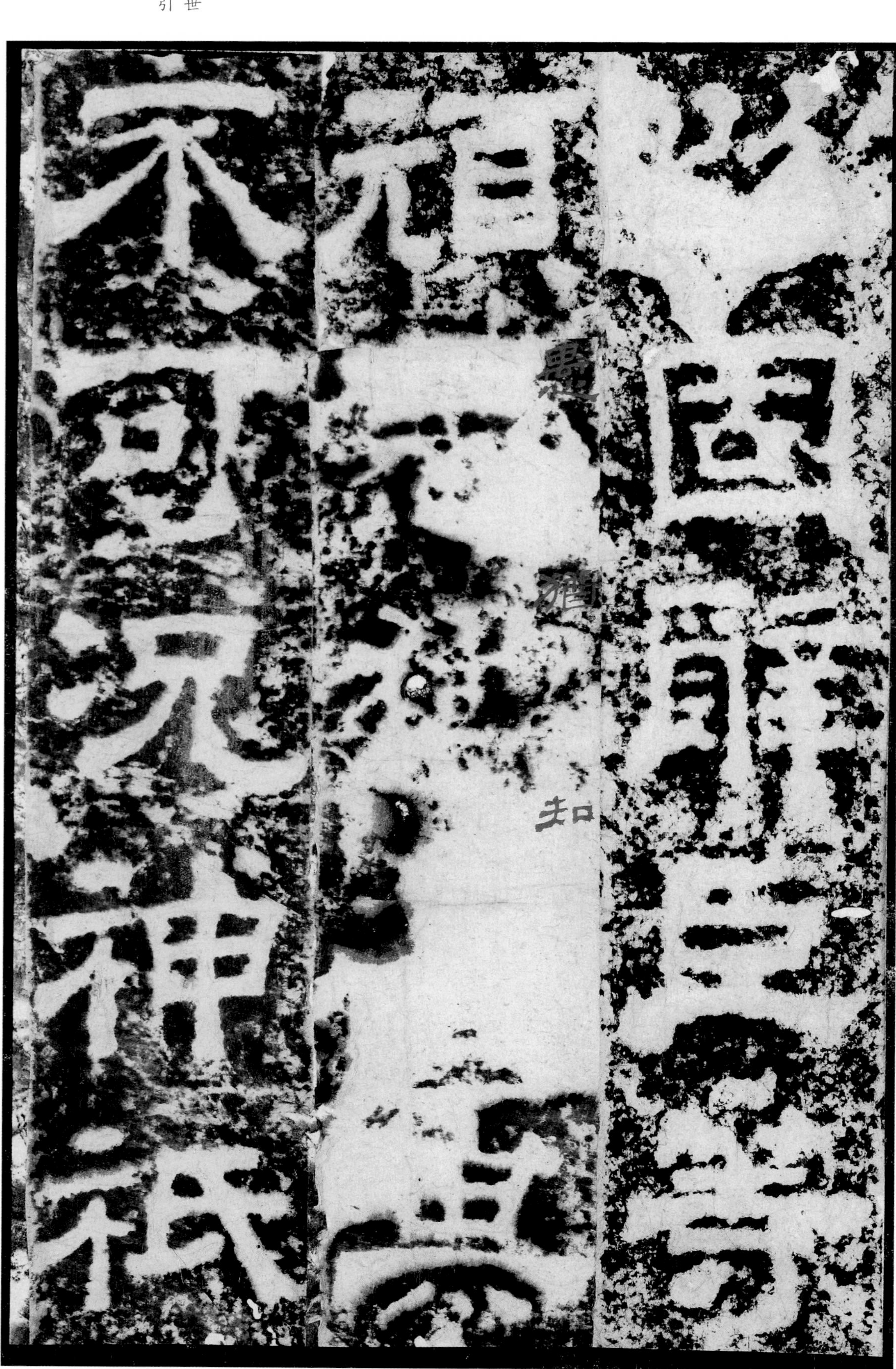

以固辭。臣等／頑（愚，猶知）其／不可，况神祇／

之心乎！宜蒙／納許，以福海／內欣戴（之望。）／

納許：接受允許。

欣戴：歡欣擁戴。

虜未滅：其他割據勢力還没有剿滅平定。其時漢獻帝建安二十五年（二二〇）正月，曹操病逝，曹丕即位魏王，孫權、劉備勢力正盛，三足鼎立的局面已經形成。

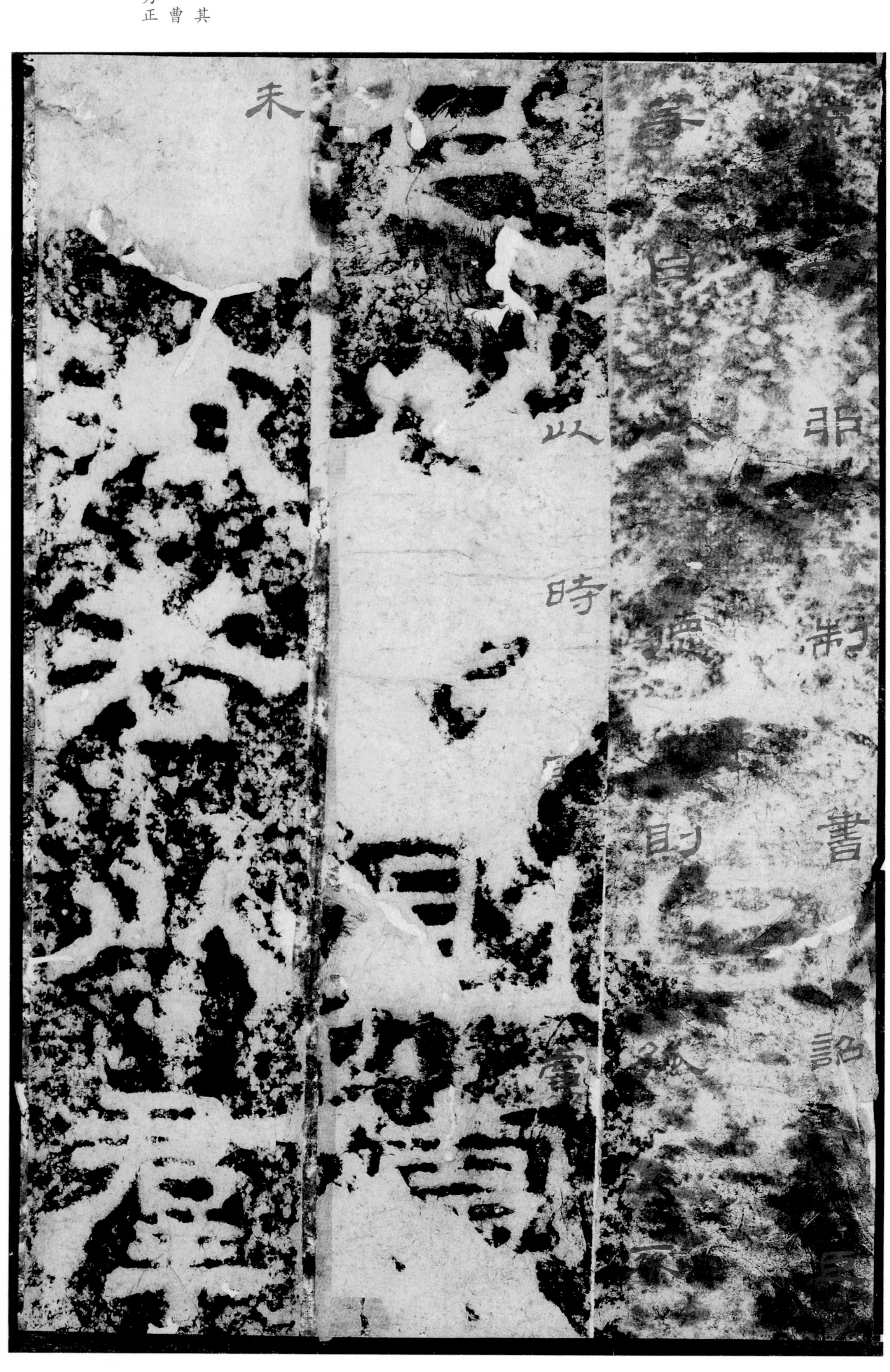

（而丁卯制書詔臣等曰：『以德，則孤不）／足；（以時，）則虜／（未）滅。若以群／

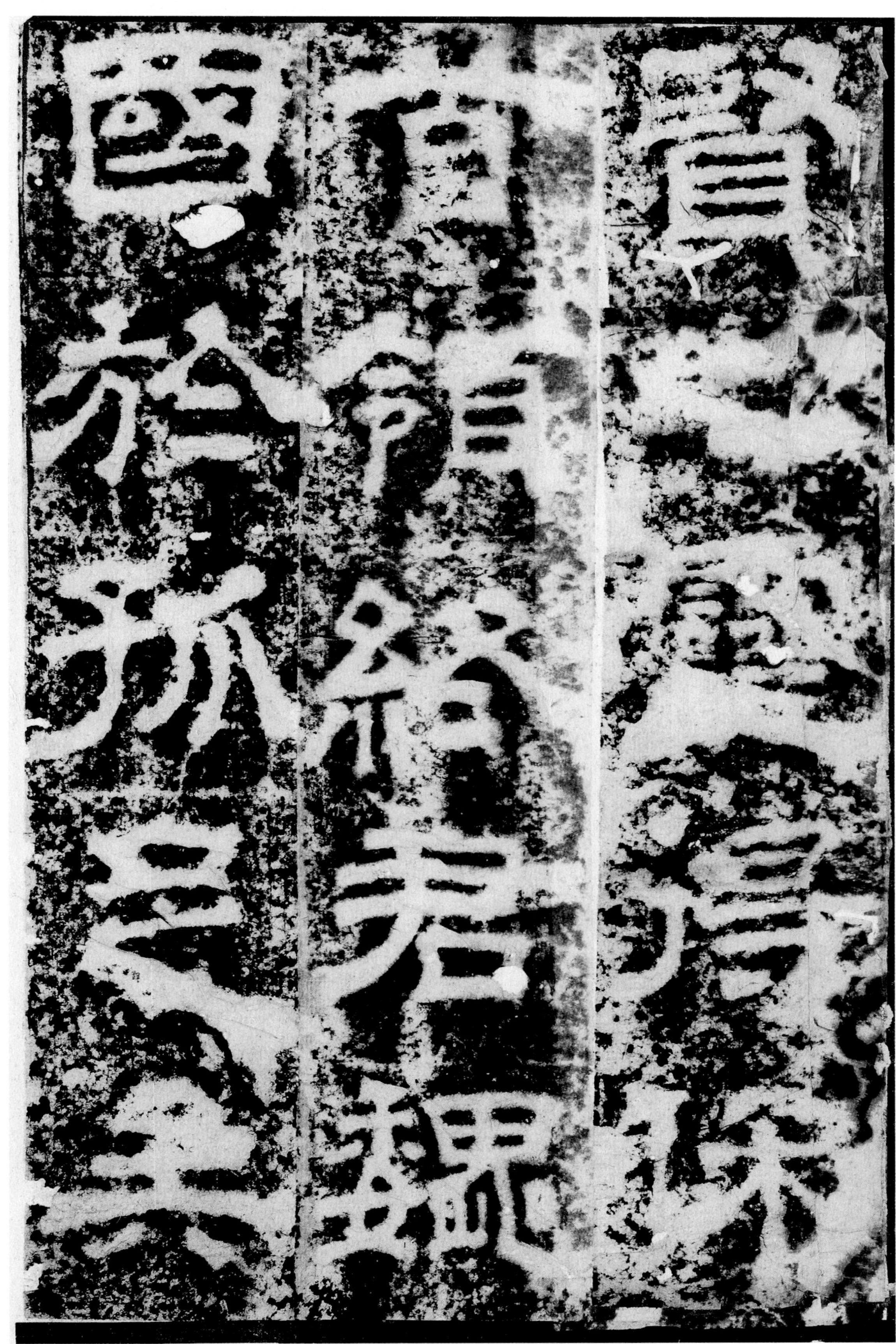

賢之靈，得保／首領，終君魏／國，於孤足矣。／

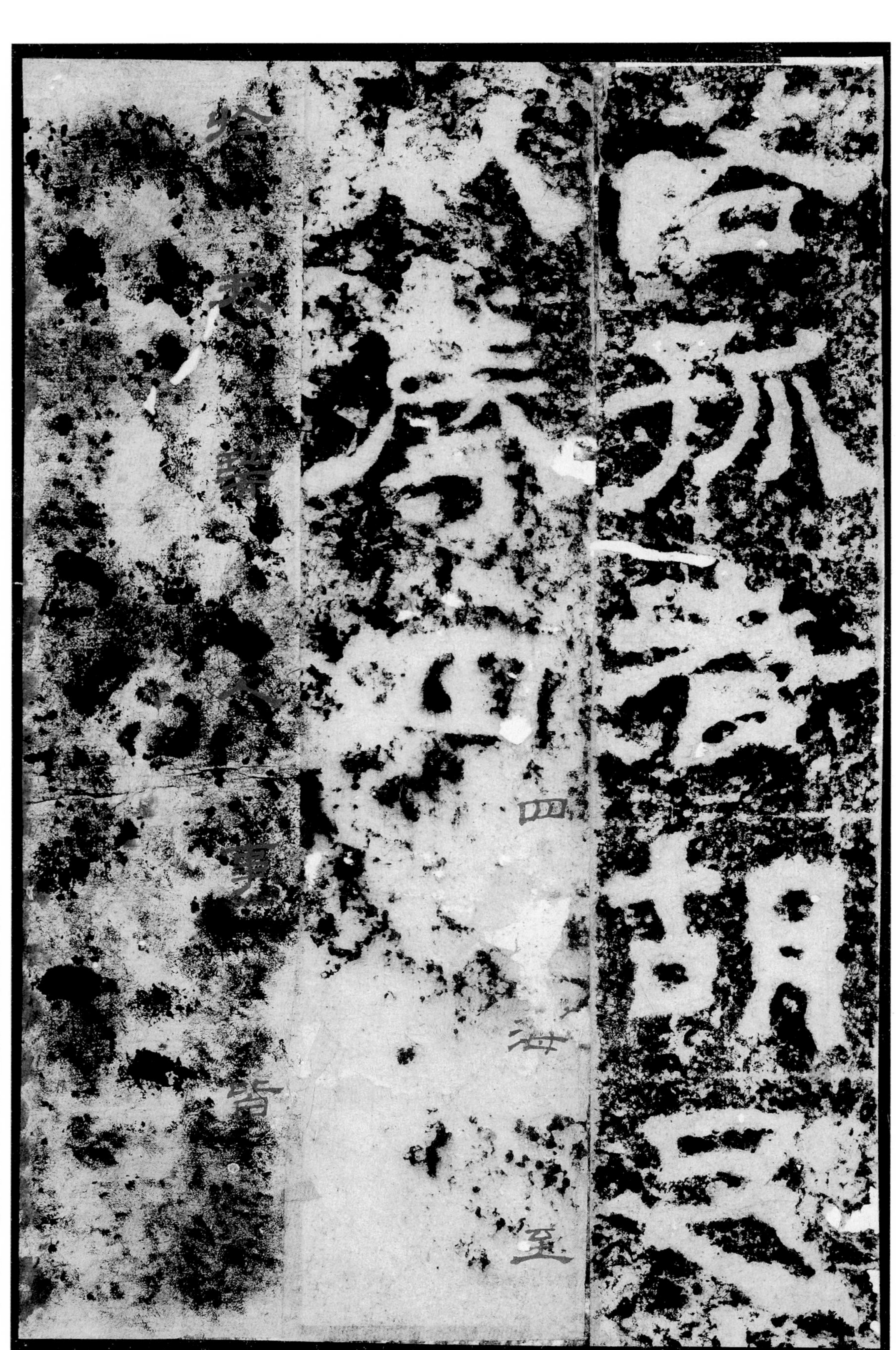

若孤者，胡足／以辱四（海，至／乎天瑞、人事，皆）／

聞命：謙辭，指聽從建議。

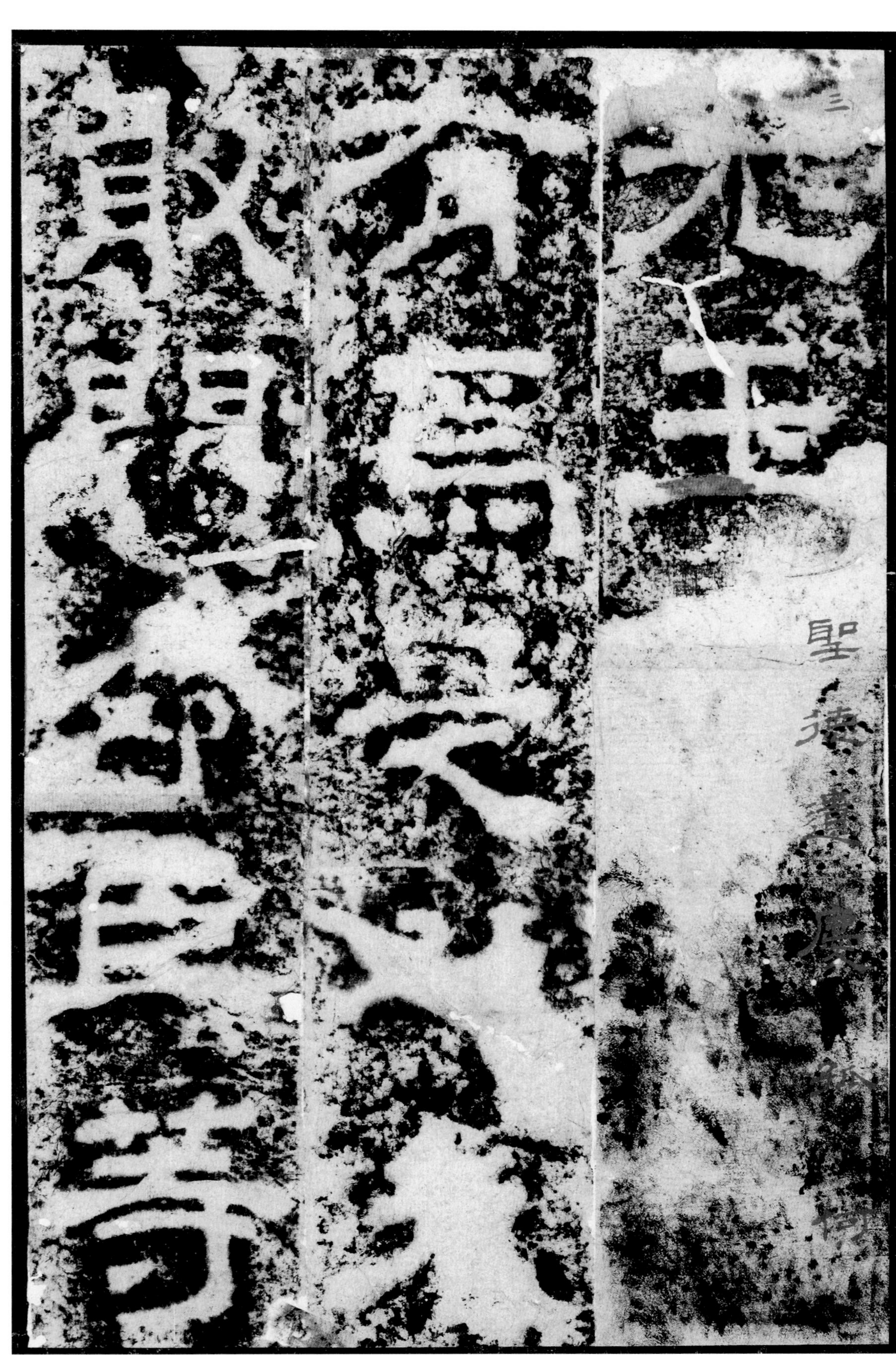

先王（聖德遺慶，孤何）╱有焉？是以未╱敢聞命。』臣等╱

伏讀：十分恭敬地閱讀，一般用以稱臣子閱讀帝王詔書。伏，俯身，低首，爲恭敬之辭。

於邑益甚：感到更加鬱悶憂愁。於邑，即『於悒』，抑鬱煩悶，心中不暢。《楚辭·九章·悲回風》：『傷太息之湣憐兮，氣於邑而不可止。』王逸注：『氣逆憤懣，結不下也。』朱熹注：『於音烏。』

《易》：《周易》，又稱《易經》，相傳爲周文王姬昌所作，位列群經之首。

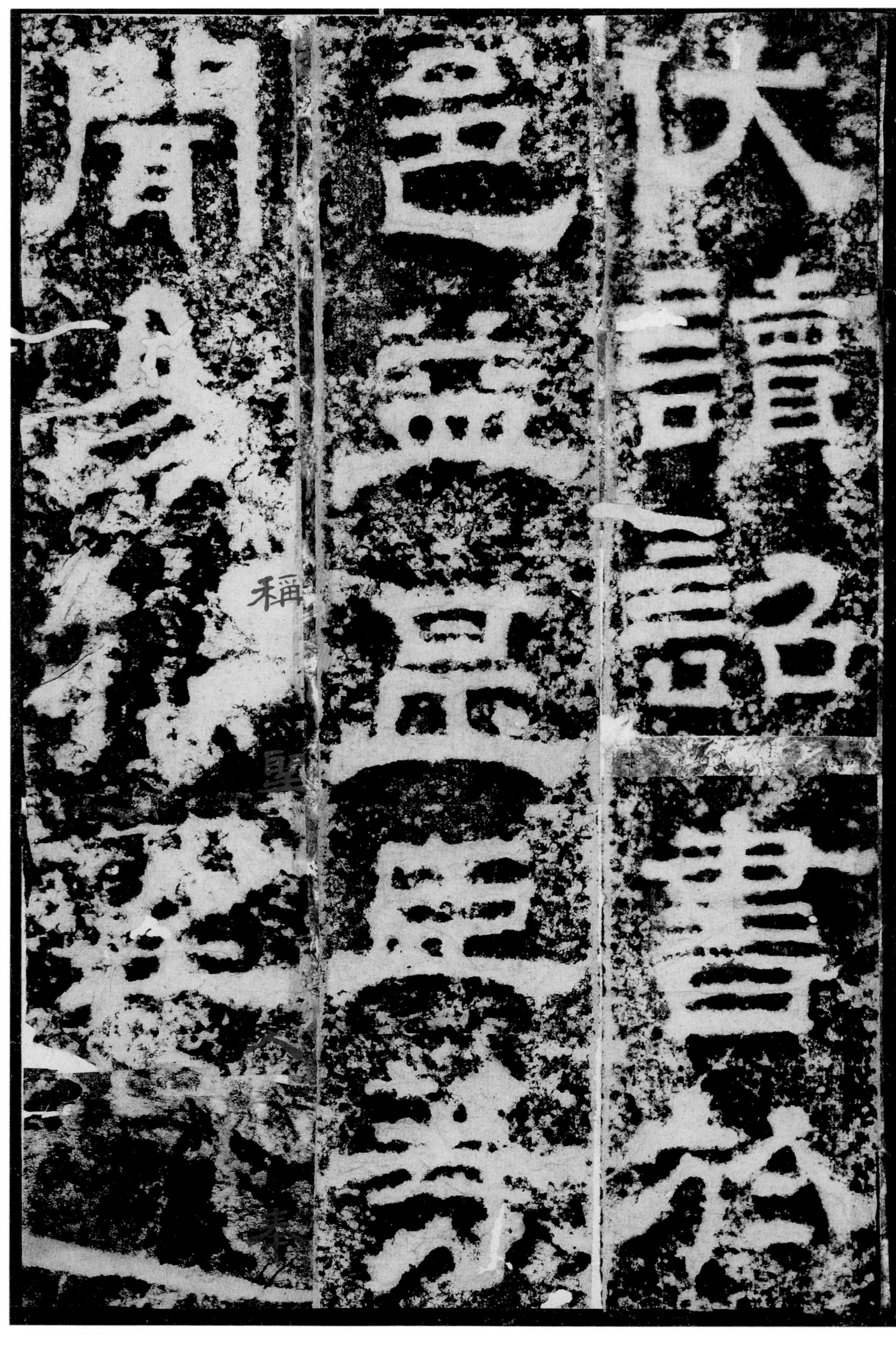

伏讀詔書，於／邑益甚。臣等／聞《易》（稱）『聖（人奉）／

（天時。」而《論》曰：『君子畏天命。』天命有去就，）／然後（帝）者（有禪／代。）是以唐之／

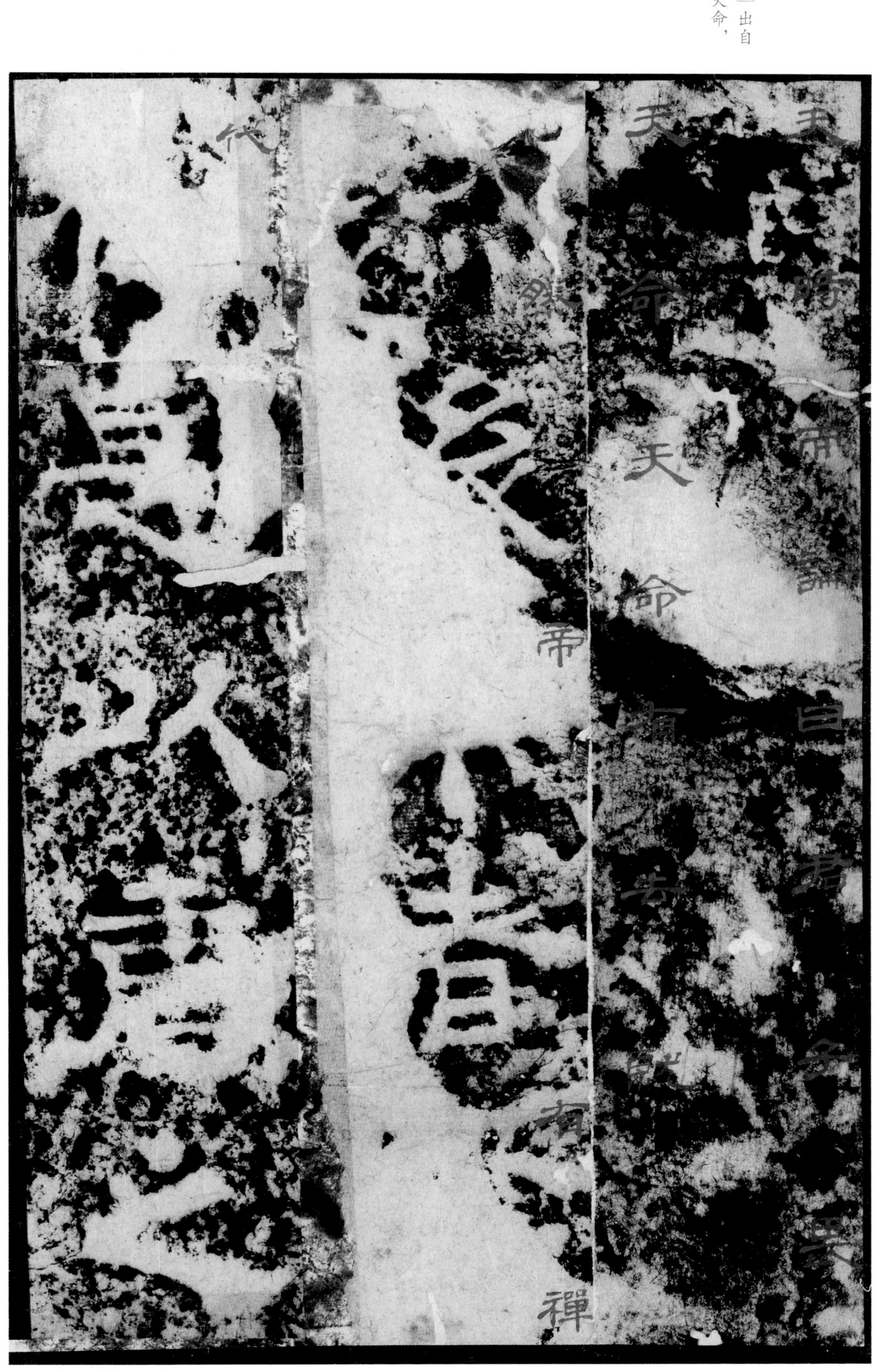

《論》：即《論語》。『君子畏天命』出自《論語·季氏》：『君子有三畏：畏天命，畏大人，畏聖人之言。』

唐之禪虞：指堯知道自己兒子丹朱不肖，便經過一番考察後，將帝位禪讓給舜。堯，名放勛，帝嚳高辛之子，受封於陶唐，故稱『唐堯』。舜，有虞氏，名重華，故稱『虞舜』。

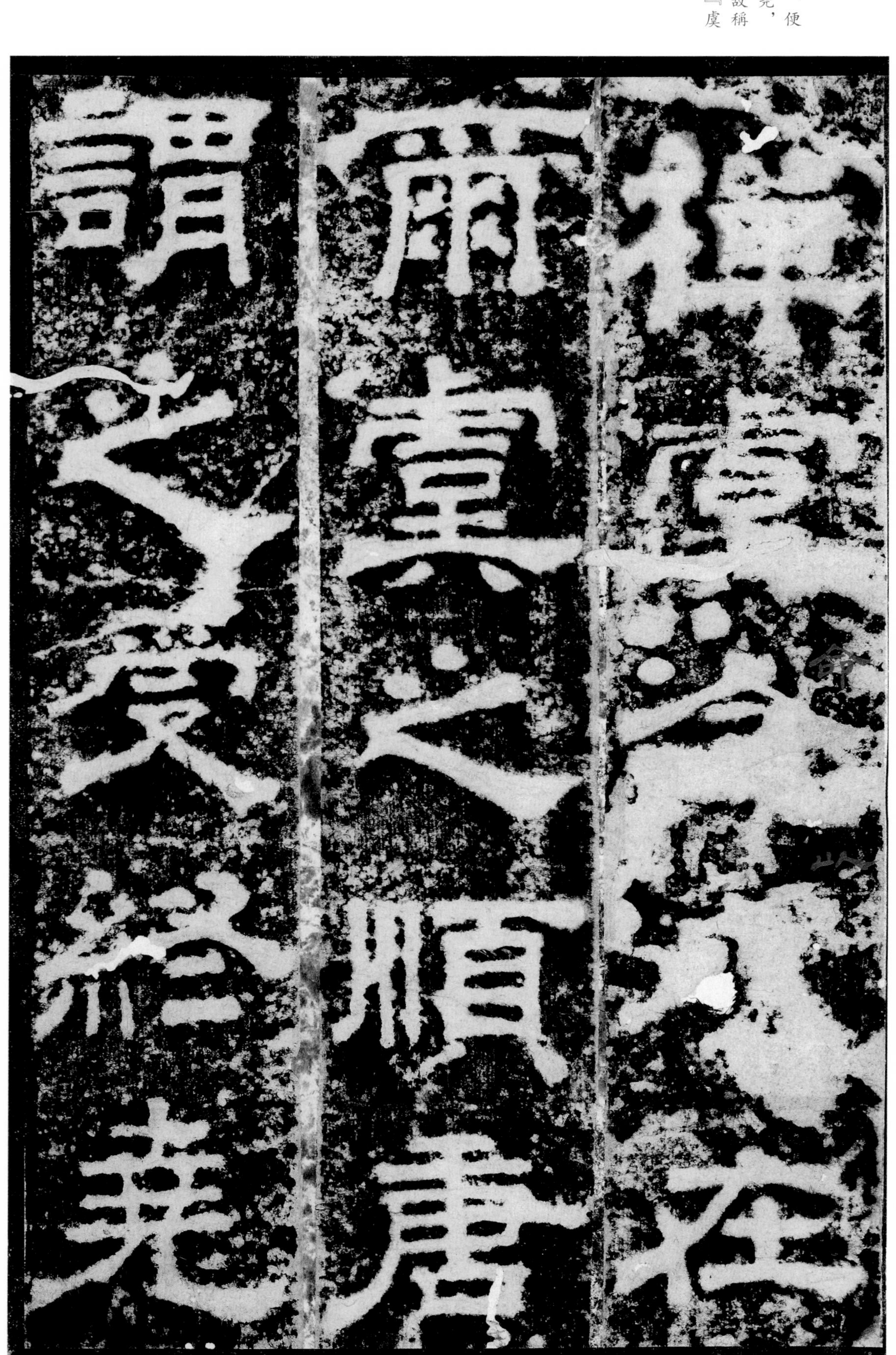

禪虞，命以在／爾；虞之順唐，／謂之受終。堯／

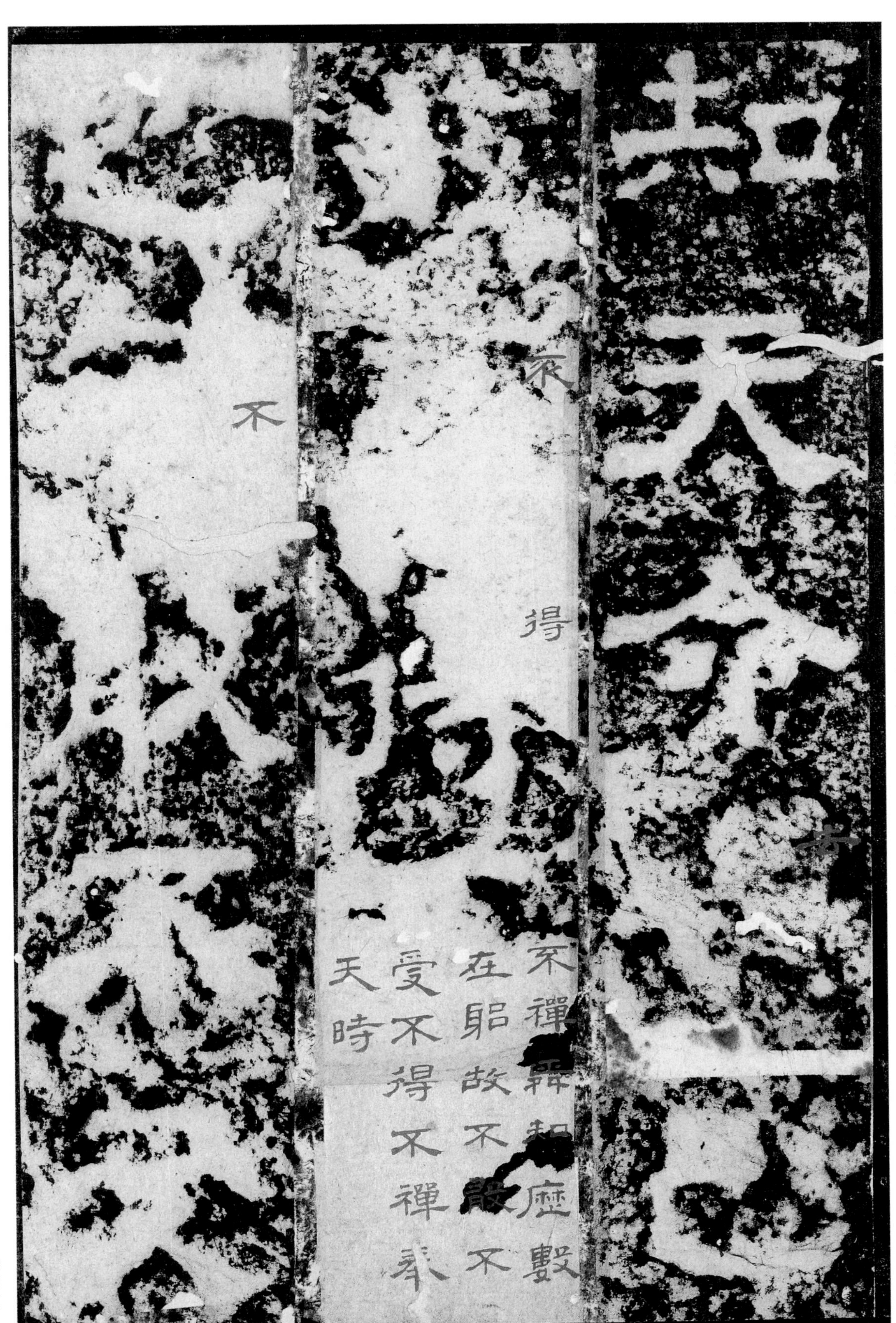

知天命（去）已，／故（不得不禪；舜知歷數在躬，故不敢不受。不得不禪，奉天時）／也；（不）敢不受，／

季末：末世，衰世，一般指朝代、時代末期。漢桓寬《鹽鐵論·憂邊》：『周之季末，天子微弱，諸侯力政。』

陵遲：敗壞，衰敗。《詩經·王風·大車序》：『《大車》，刺周大夫也。禮義陵遲，男女淫奔，故陳古以刺今。』孔穎達注：『陵遲，猶陂阤，言禮義廢壞之意也。』

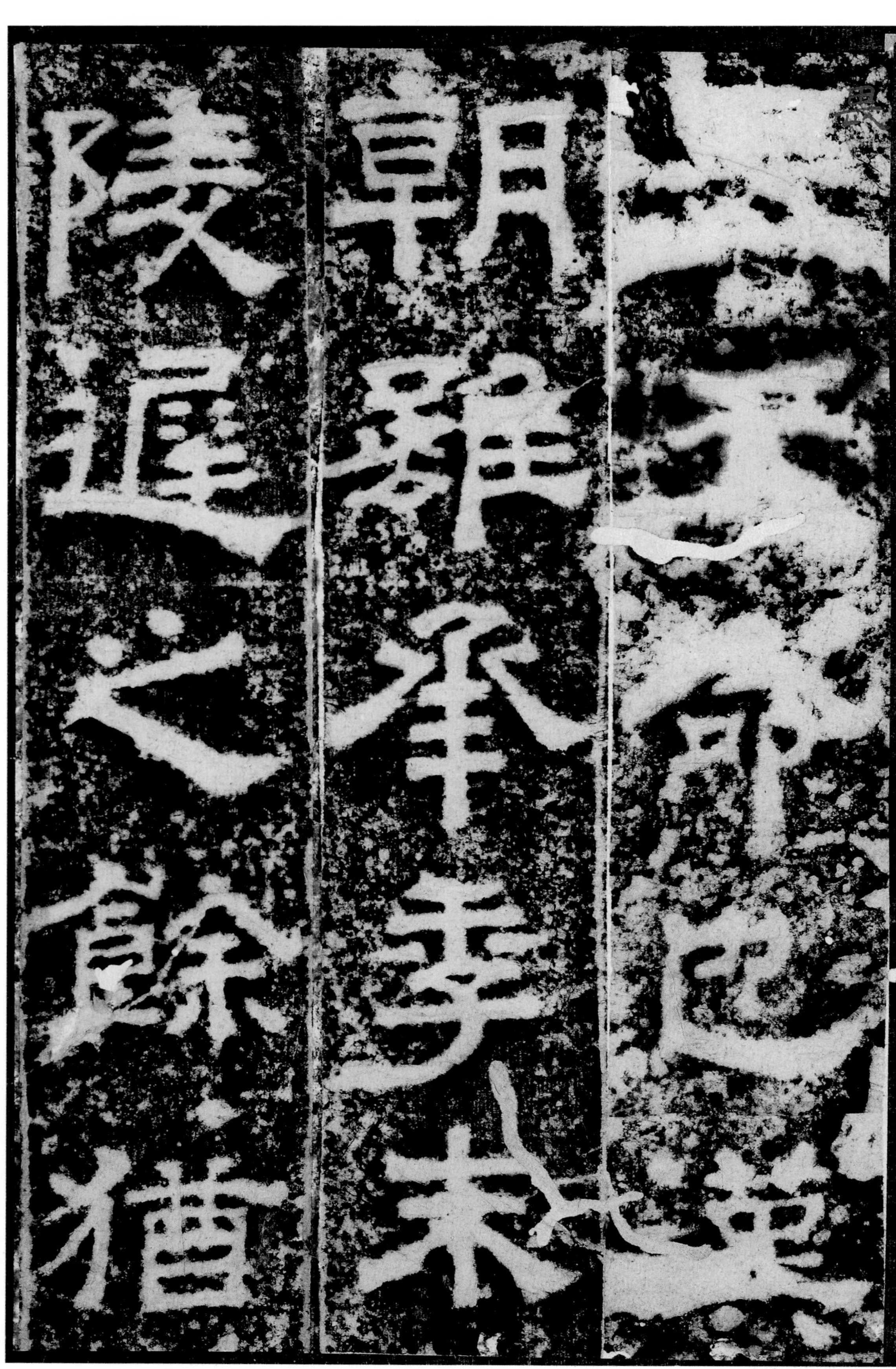

畏天命也。漢／朝雖承季末，／陵遲之餘，猶／

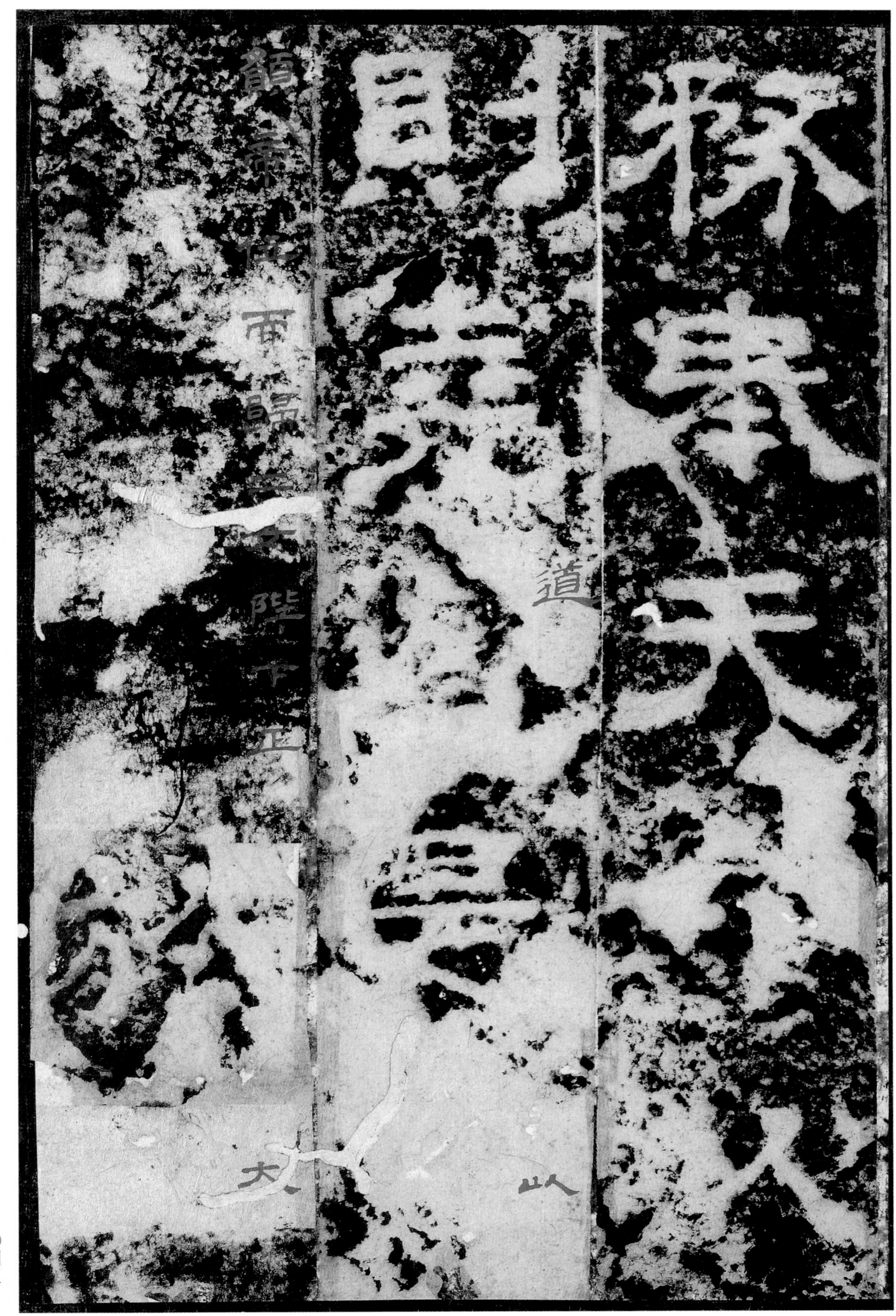

務奉天命，以／則堯（道），是（以／顧禪帝位，而歸二女。陛下正）於（大）／

本頁拓本爲他本補配

魏（二二〇—二六六）：東漢末年，曹操受封魏王，治所在鄴。漢獻帝延康元年（二二〇），曹操死後，其子曹丕逼迫漢獻帝禪讓，沿用『魏』稱，立國稱帝，改元黄初，定都洛陽，史稱『曹魏』或『前魏』。

虞夏：虞朝和夏朝。古人認爲虞舜時代是中國最早的朝代，所以一般以虞、夏、殷、周并稱。《禮記·表記》：『子曰：「虞夏之質，殷周之文，至矣。」』《國語·鄭語》：『夫成天地之大功者，其子孫未嘗不章，虞、夏、商、周是也。』

達節：意爲聖賢處事能够不拘常規而通達節義。《左傳·成公十五年》：『聖達節，次守節，下失節。』

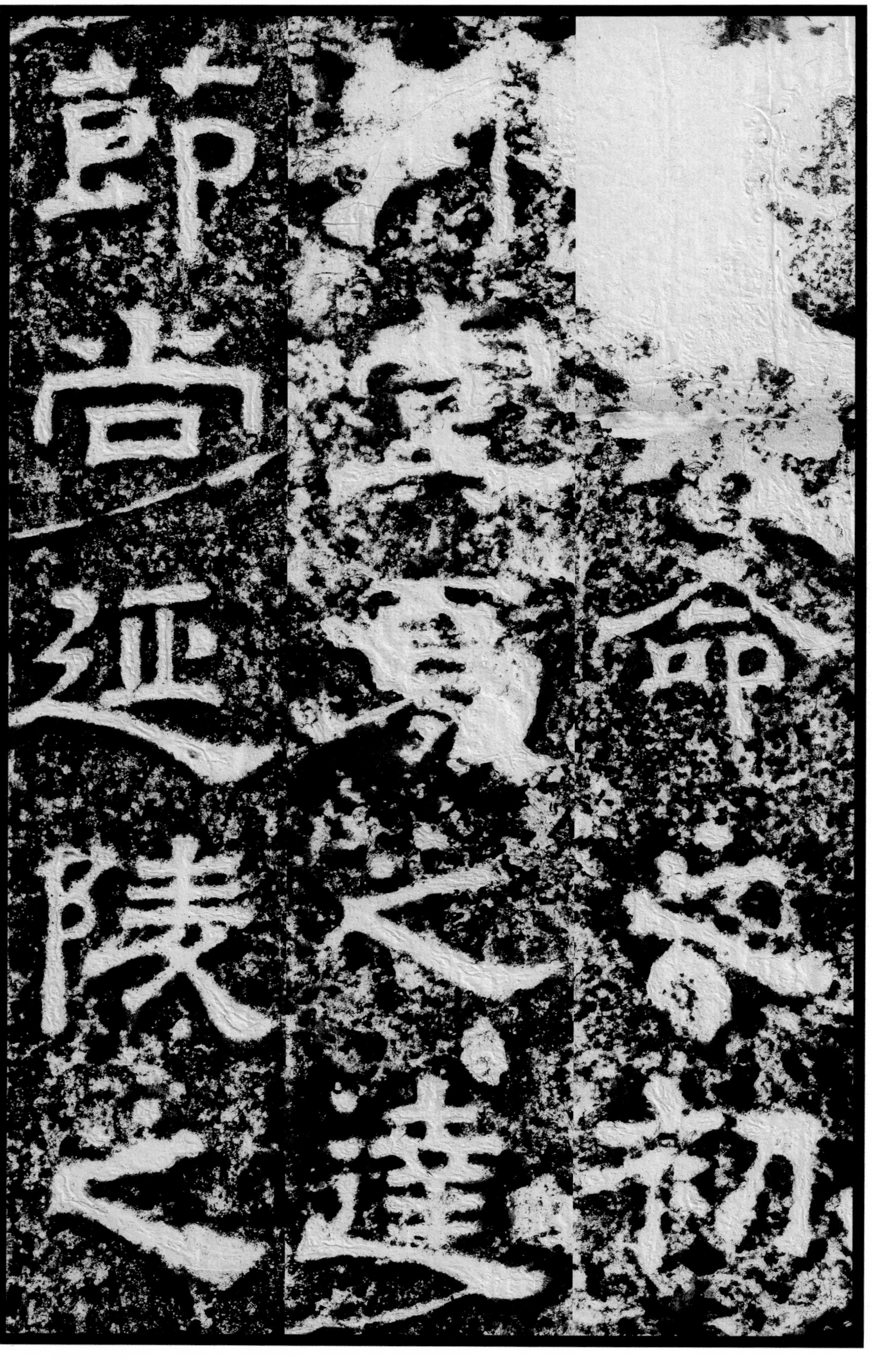

（魏受）命之初，／抑虞夏之達／節，尚延陵之／

本頁拓本爲他本補配

延陵之讓體：指春秋時吴王壽夢之子季札三讓君位不就，出遊列國之事。據《史記·吴太伯世家》載，壽夢本欲讓少子季札繼承王位，但其辭讓不就，乃立長子諸樊。諸樊自愧不才，讓位於季札，不就。諸樊卒，其弟餘祭、餘昧相序繼位，皆讓位於季札，未果，封延陵，故號曰『延陵季子』。後世因以『延陵』稱季札。

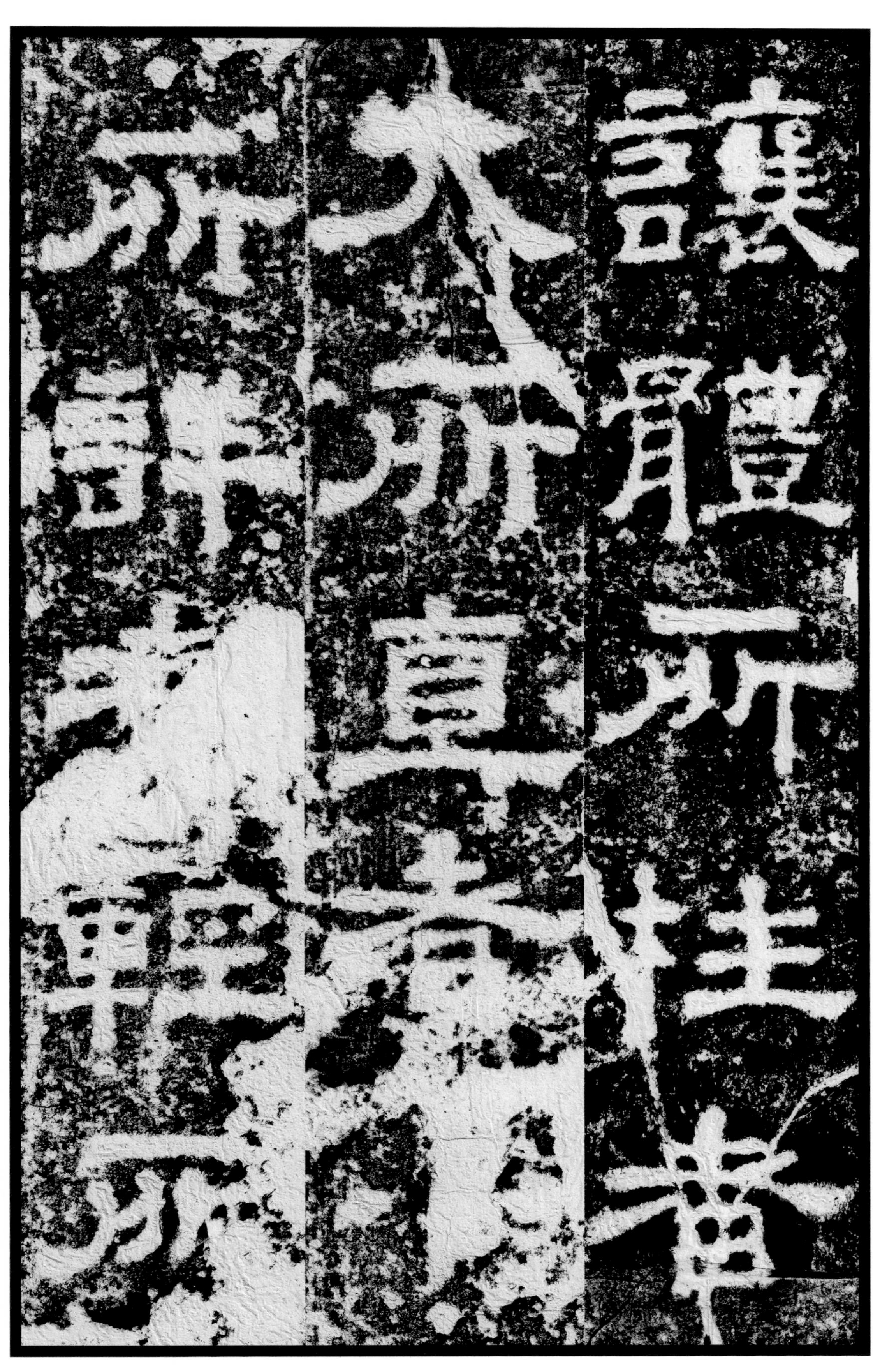

讓體，所枉者／大，所直者小，／所詳者輕，所／

重華：傳説虞舜母親感通星樞之精華，生舜，一目内有兩個瞳仁，故名。

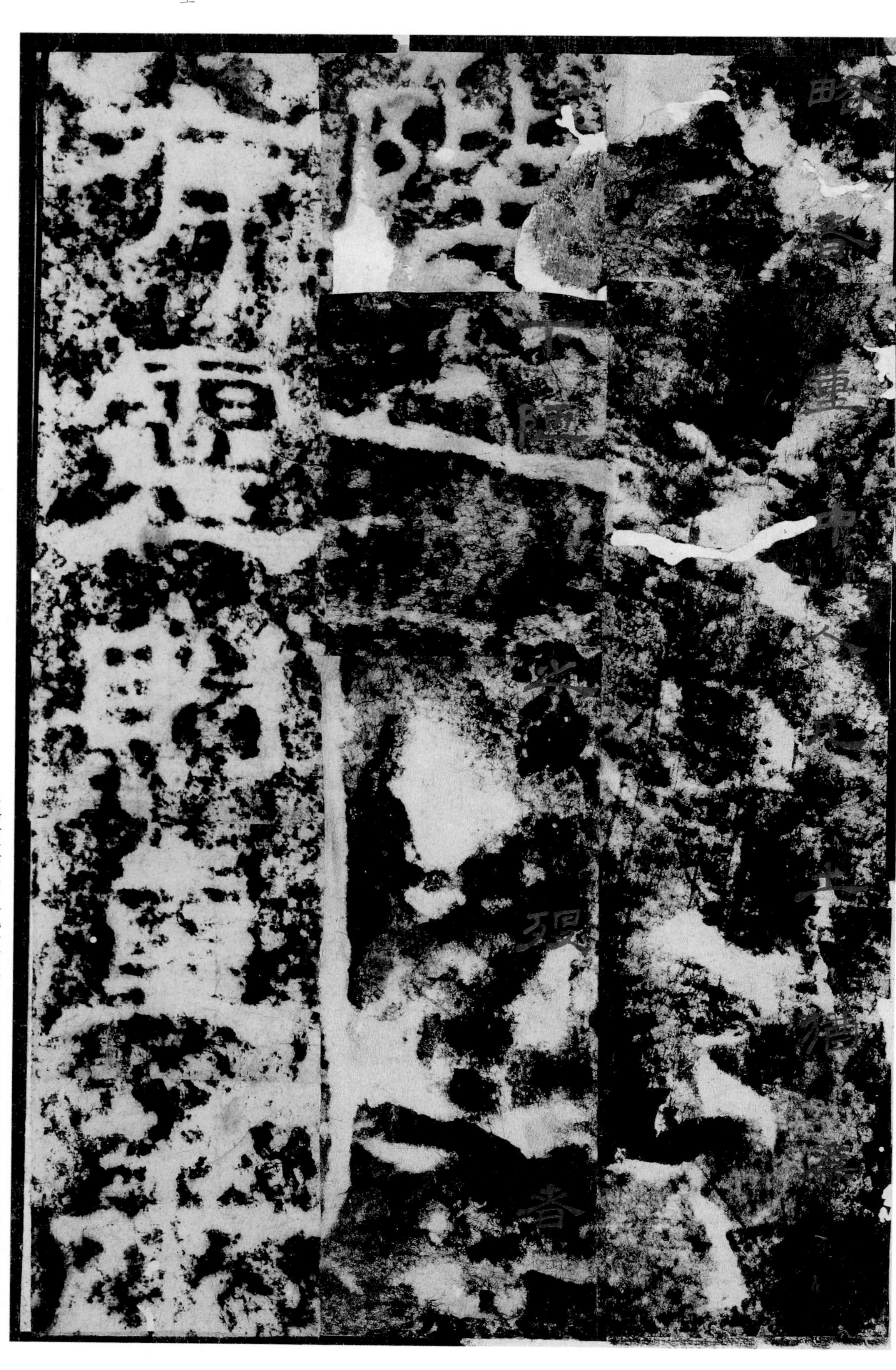

（略者重，中人凡士猶爲）／陛（下陋之。歿者）／有靈，則重華／

倉梧：虞舜去世之地。《史記·五帝本紀》：『舜……踐帝位三十九年，南巡狩，崩於蒼梧之野，葬於江南九疑，是爲零陵。』

大夏：指禹，因立國號爲『夏』，故稱。《史記·夏本紀》：『帝舜薦禹於天，爲嗣……禹於是遂即天子位，南面朝天下，國號曰夏后，姓姒氏。』

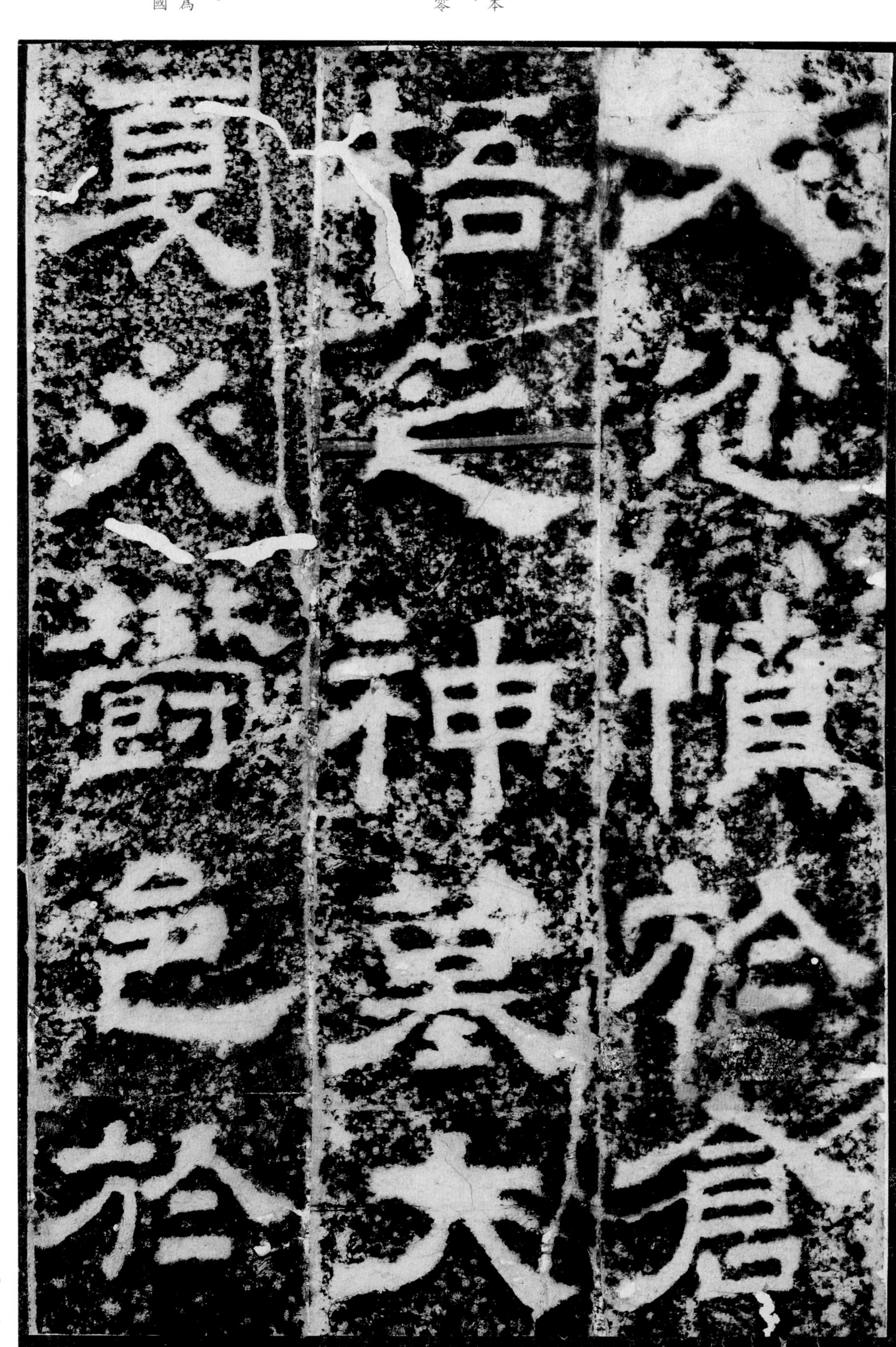

必忿憤於倉／梧之神墓，大／夏必欝邑於／

會稽：夏禹去世之地。《史記·夏本紀》：「帝禹東巡狩，至於會稽而崩。」

武王：指曹操，字孟德，沛國譙縣人，東漢末年權相，太尉曹嵩之子，曹魏政權奠基者。善詩文，知兵法，開建安文風。建安二十五年（二二〇）正月卒於洛陽，同年十月其子曹丕代漢稱帝後，追尊曹操爲太祖武皇帝，葬於高陵。

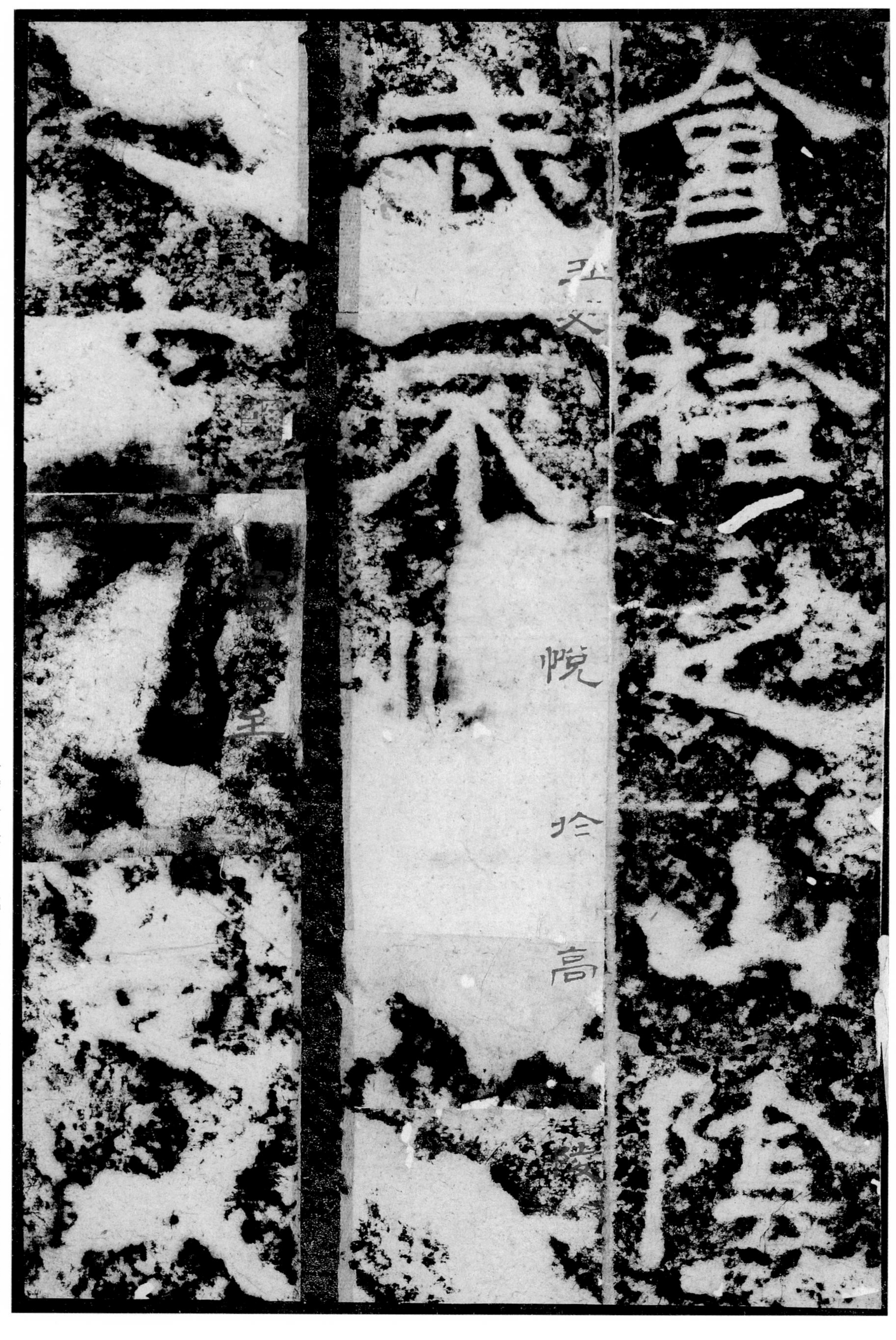

會稽之山陰，／武（王必）不（悦於高陵）／之玄（宫矣）。是以／

臣等敢以死／請。且漢政在／奄宦，禄去帝／

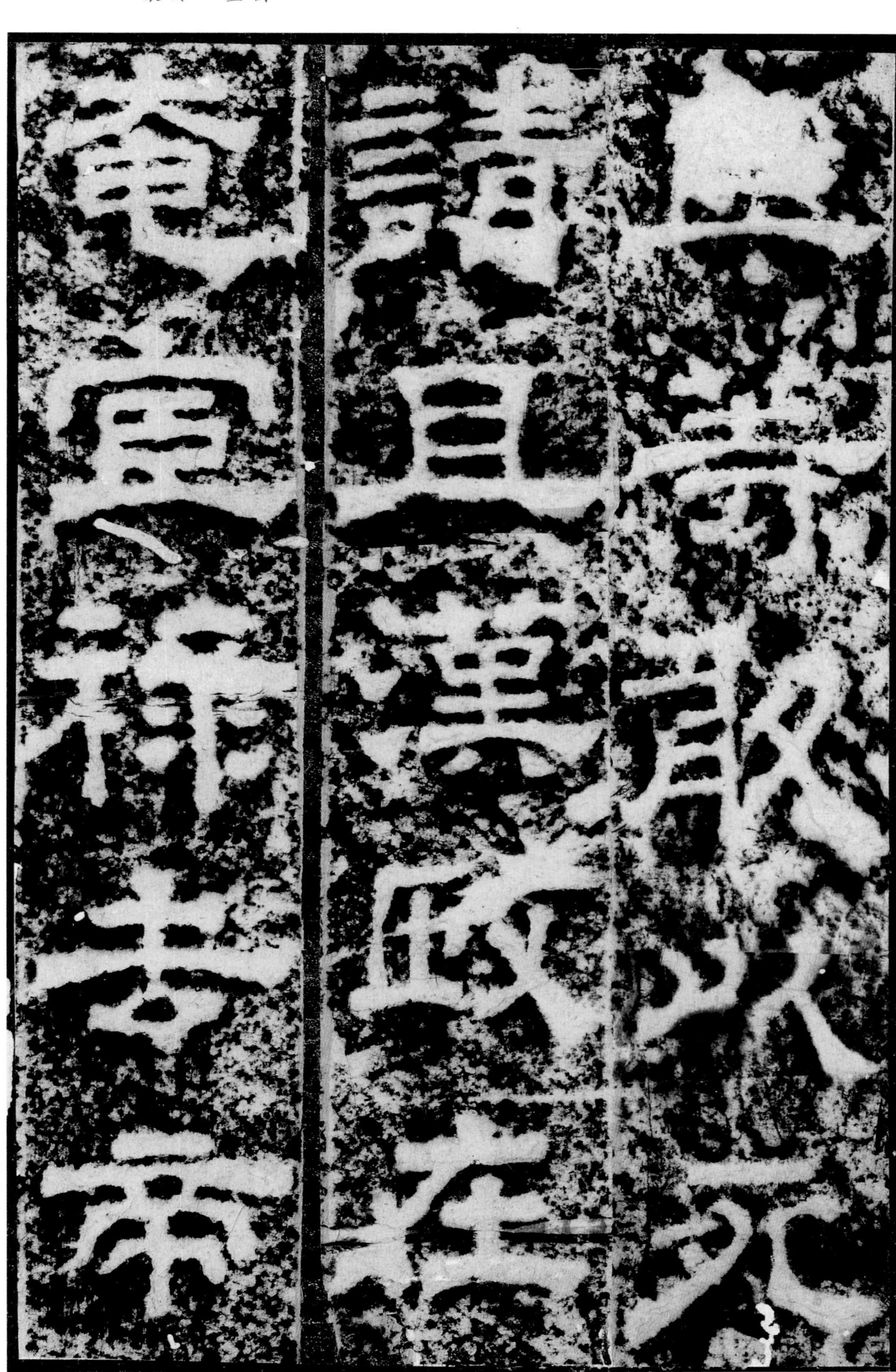

奄宦：即閹人宦官。東漢和帝年幼，爲鞏固皇權，重用宦官專政，以對抗外戚争權。至桓帝、靈帝時，宦官驕横跋扈，任用私人，敗壞朝政，又經過兩次『黨錮之禍』，最終激起民變，引發『黄巾起義』，東漢自此衰敗。

禄：福氣，福祚。

矢石：弓箭與壘石，古代戰時守城防禦用的武器，亦代指戰爭。

二京：長安與洛陽。漢初高祖劉邦定都長安，後光武帝劉秀定都洛陽，但長安作爲故都，地位猶重，乃稱『東西二京』。

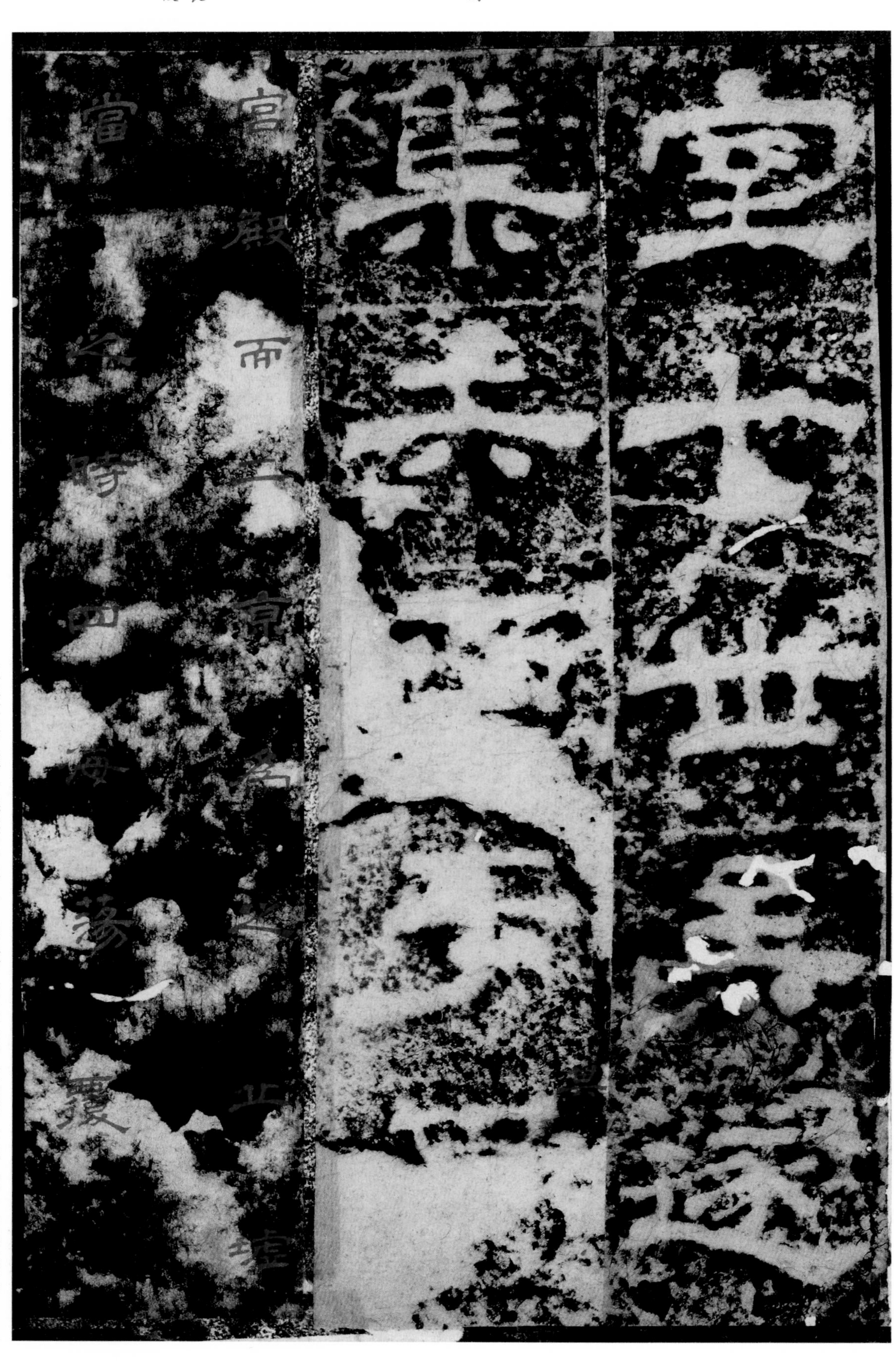

室七世矣，遂／集矢石于其／（宮殿，而二京爲之丘墟。當此之時，四海蕩覆，）／

沐雨而櫛風：形容飽經風雨，勞於奔波，憔悴不堪。語出《莊子·天下》：『昔禹之湮洪水……沐甚雨，櫛疾風。』成玄英注：『賴驟雨而灑髮，假疾風而梳頭，勤苦執勞，形容毀悴。』

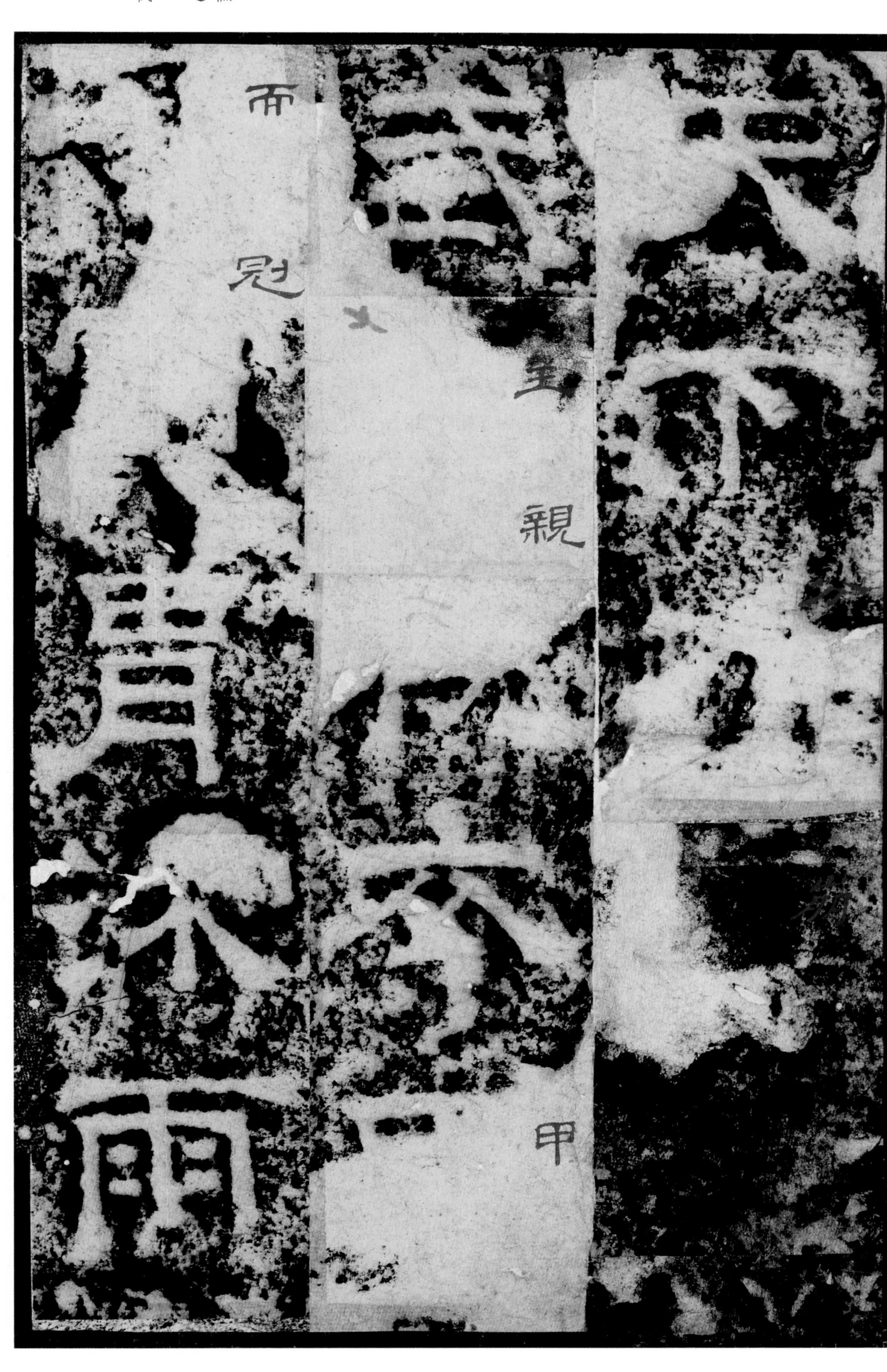

天下（分崩）。／武（王親）衣（甲／而冠）胄，沐雨／

而櫛（風）。爲民／請命，則活萬／國；爲世撥亂，／

則致升平。鳩／民（而立長，築宮而置吏。元元無過，罔於前業，而始有造／於華）裔。／

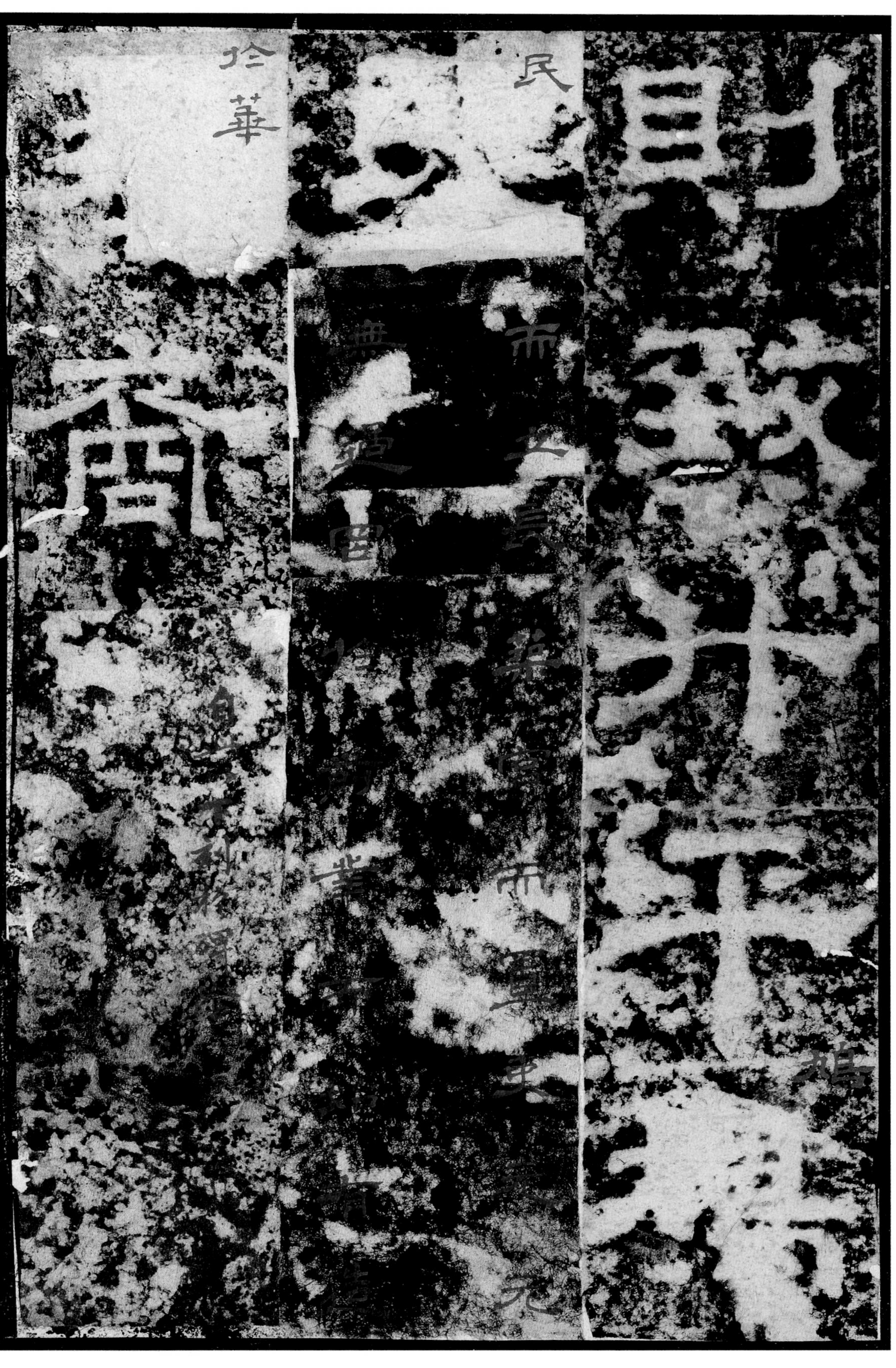

鳩民：將百姓黔首聚集起來，以便教化治理。《左傳・昭公十七年》：『五鳩，鳩民者也。』杜預注：『鳩，聚也。治事上聚，故以鳩爲名。』

華裔：華夏中原和四方邊遠地區，猶言『普天之下』。《左傳・定公十年》：『裔不謀夏，夷不亂華。』裔，邊遠之地。

翊：輔佐，佐助。

勤恤民隱：憂憫關懷百姓疾苦。《國語·周語上》：『是先王非務武也，勤恤民隱而除其害也。』韋昭注：『隱，痛也。』

【碑陰】陛下即位，（光）/昭文德，以翊/武功，勤恤民/

視之如傷：指帝王或官員極爲體恤民衆疾苦。《孟子·離婁下》：『文王視民如傷，望道而未之見。』趙岐注：『視民如傷者，雍容不動擾也。』孫奭注：『言文王常有恤民之心，故視下民常若有所傷，而不敢以横役擾動之。』

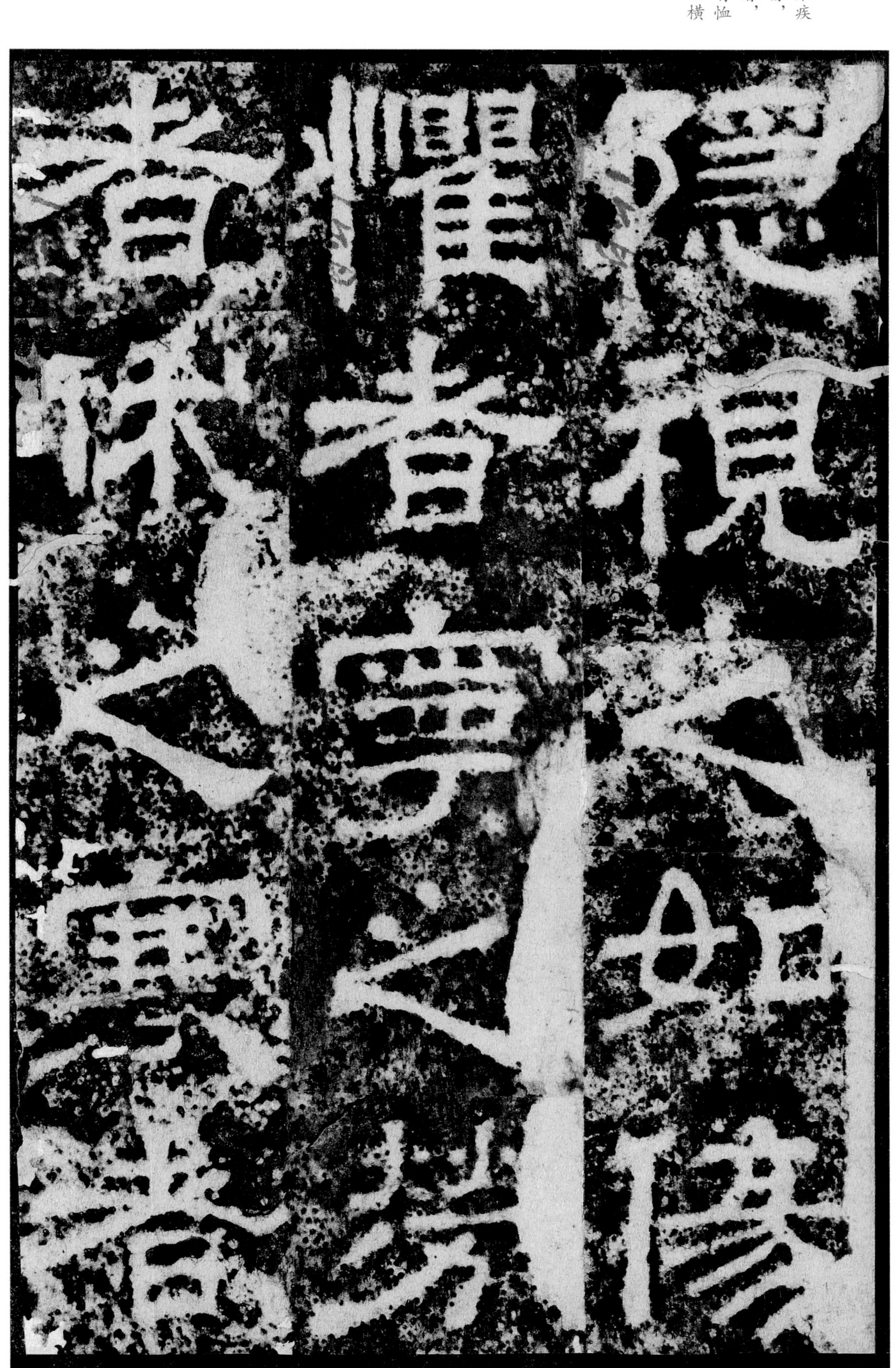

隱，視之如傷。／懼者寧之，勞／者休之，寒者／

邁恩種德：意爲努力踐行恩惠，勤勉布施德政。邁，通『勵』，勇往力行之意。語出《尚書·大禹謨》：『皋陶邁種德，德乃降，黎民懷之。』孔安國注：『邁，行；種，布。』

光被四表：意爲聖德之名，譽滿四方。語出《尚書·堯典》：『光被四表，格於上下。』孔穎達注：『聖德美名，充滿被溢於四方之外，又至於上天下地。』

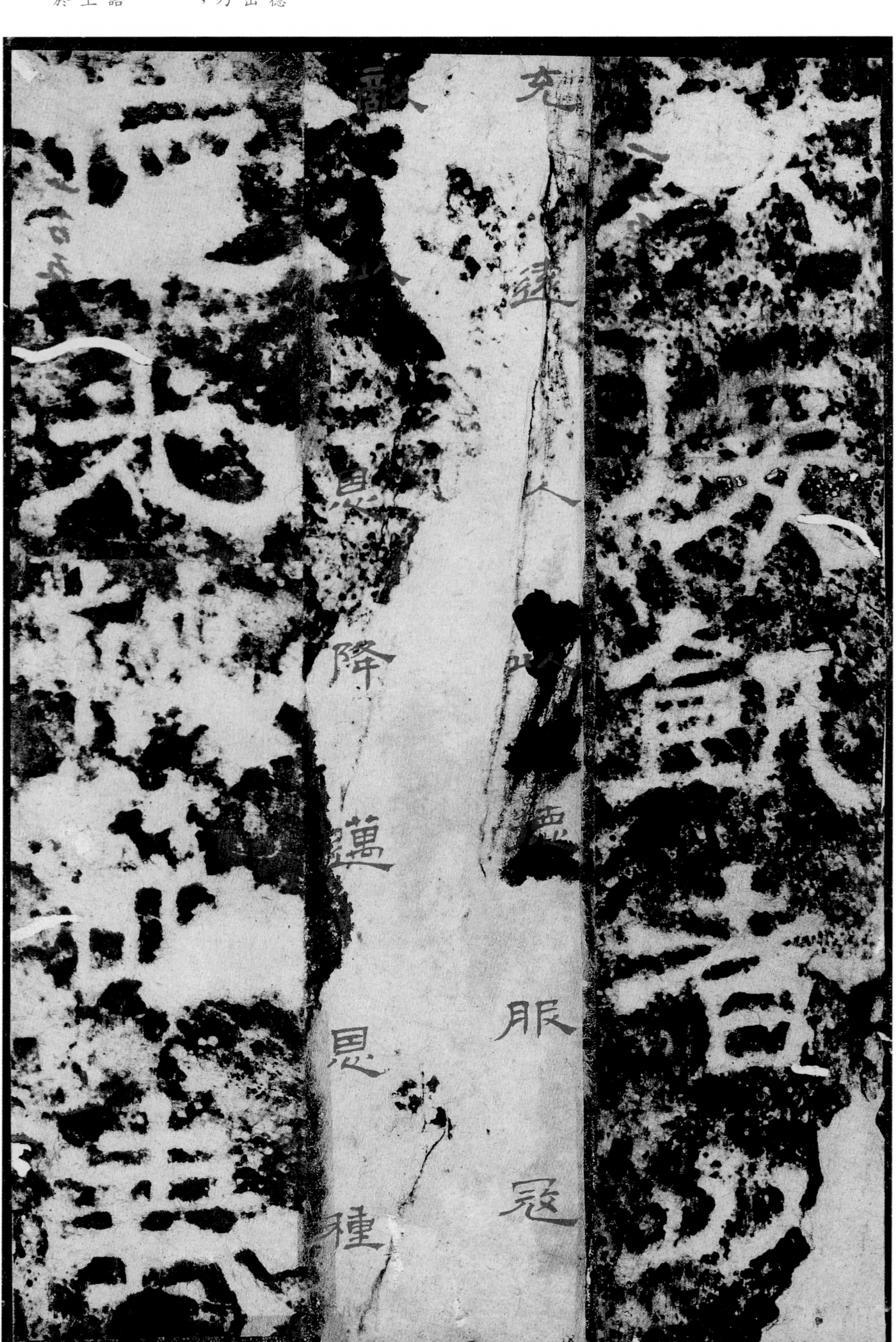

以煖，飢者以／（充，遠人以德服，寇敵以恩降。邁恩種）／德，光被四表。／

稽古：考察古代往事。《尚書·堯典》：『曰若稽古，帝堯曰放勳。』

篤睦：淳厚和睦。《晉書·長沙王乂傳》：『陛下篤睦，委臣朝事。』

茂于放勳：意爲美德堪比帝堯。茂，豐盛，盛美，引申爲美德。放勳，即『放勛』，帝堯之名。

罔漏吞舟：即『網漏吞舟之魚』的略語，比喻法律太過寬疏，使重犯惡匪都能够漏網免刑。罔，同『網』。吞舟之魚，常用以喻嚴重、首要的人事。《漢書·酷吏傳序》：『漢興，破觚而爲圜，斲琱而爲樸，號爲「罔漏吞舟之魚」。』

裕于周文：寬容博懷堪比周文王姬昌。裕，寬容。

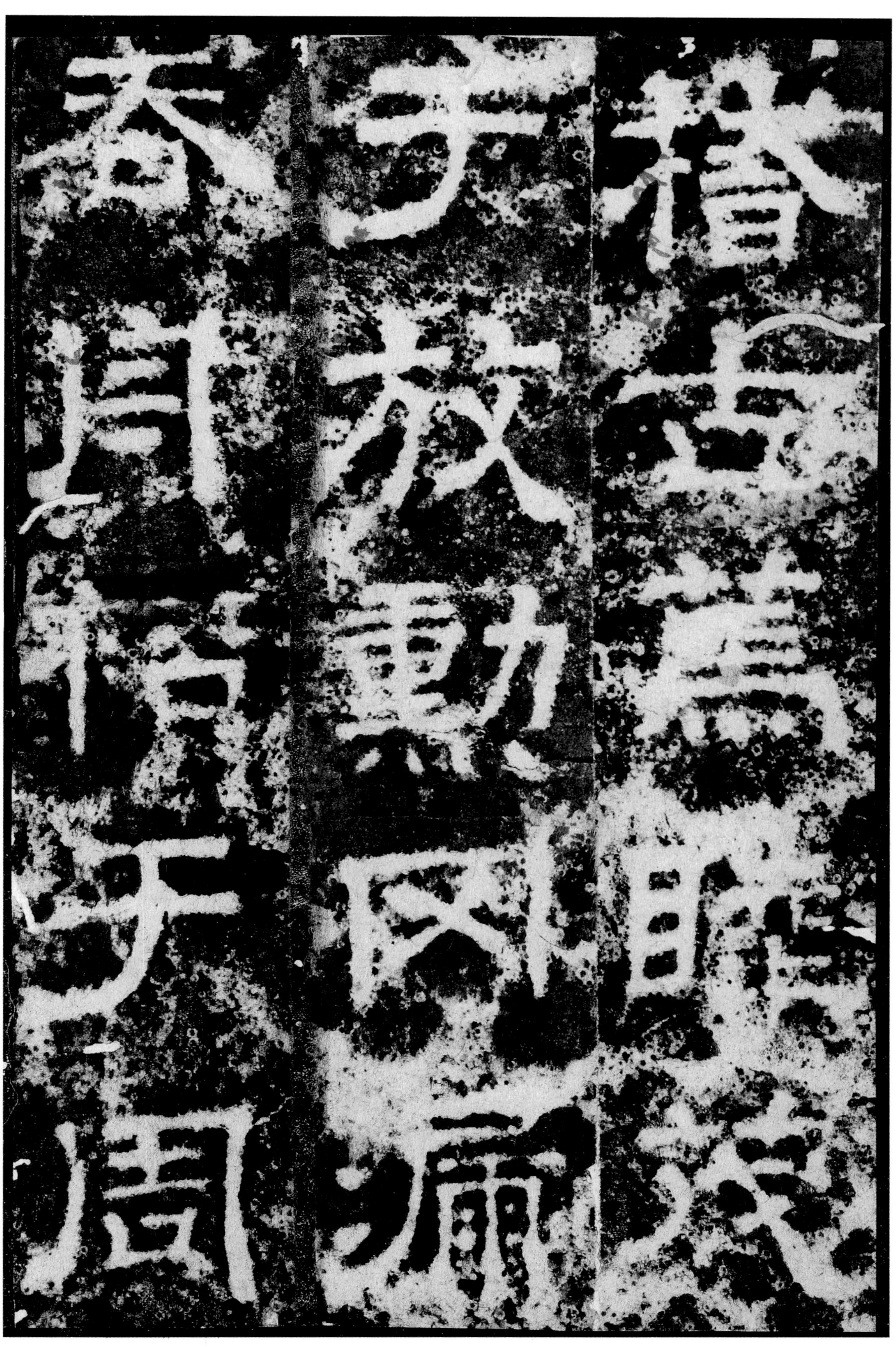

稽古篤睦，茂／于放勳；罔漏／吞舟，裕于周／

朞：同『期』。

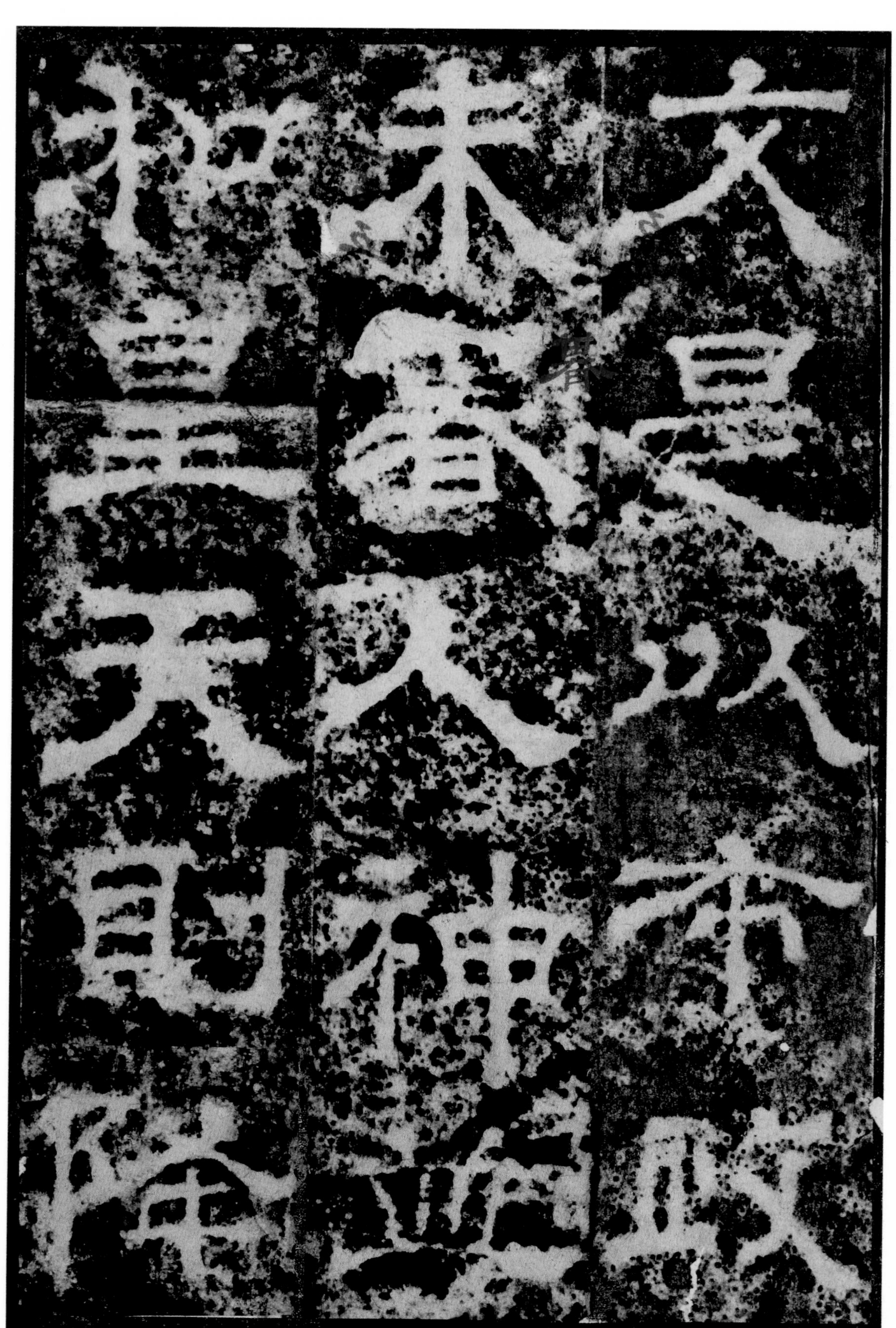

文。是以布政／未朞，人神並／和，皇天則降／

（甘）露而臻四／（靈，后土則挺芝草而吐）／醴泉。虎豹鹿／

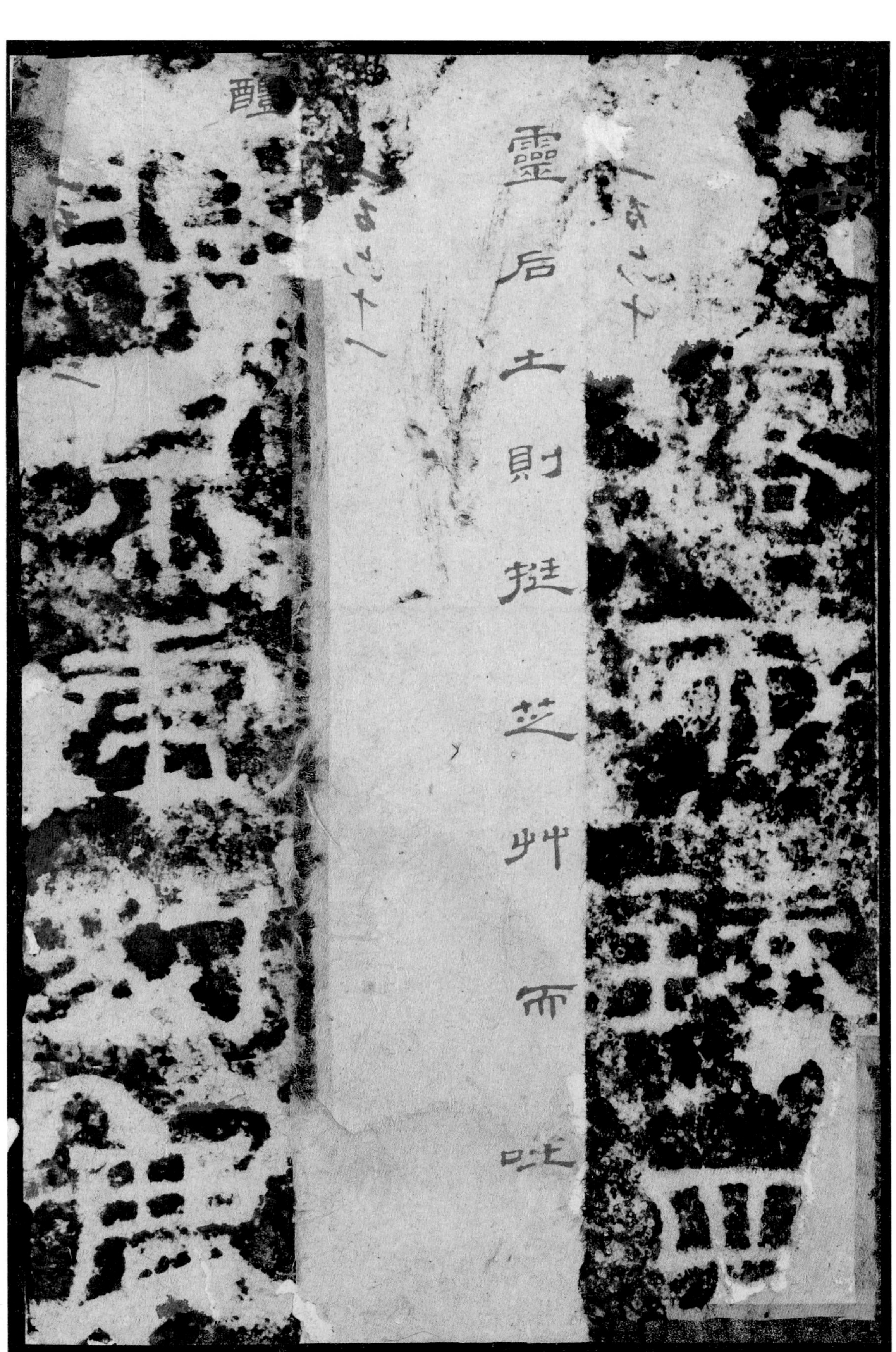

醴泉：味道甘甜的泉水。

菟：同「兔」。

燕爵：燕和雀，泛指小鳥。《禮記·三年問》：「小者至於燕雀，猶有啁噍之頃焉，然後乃能去之。」陸德明注：「雀，本又作「爵」。」

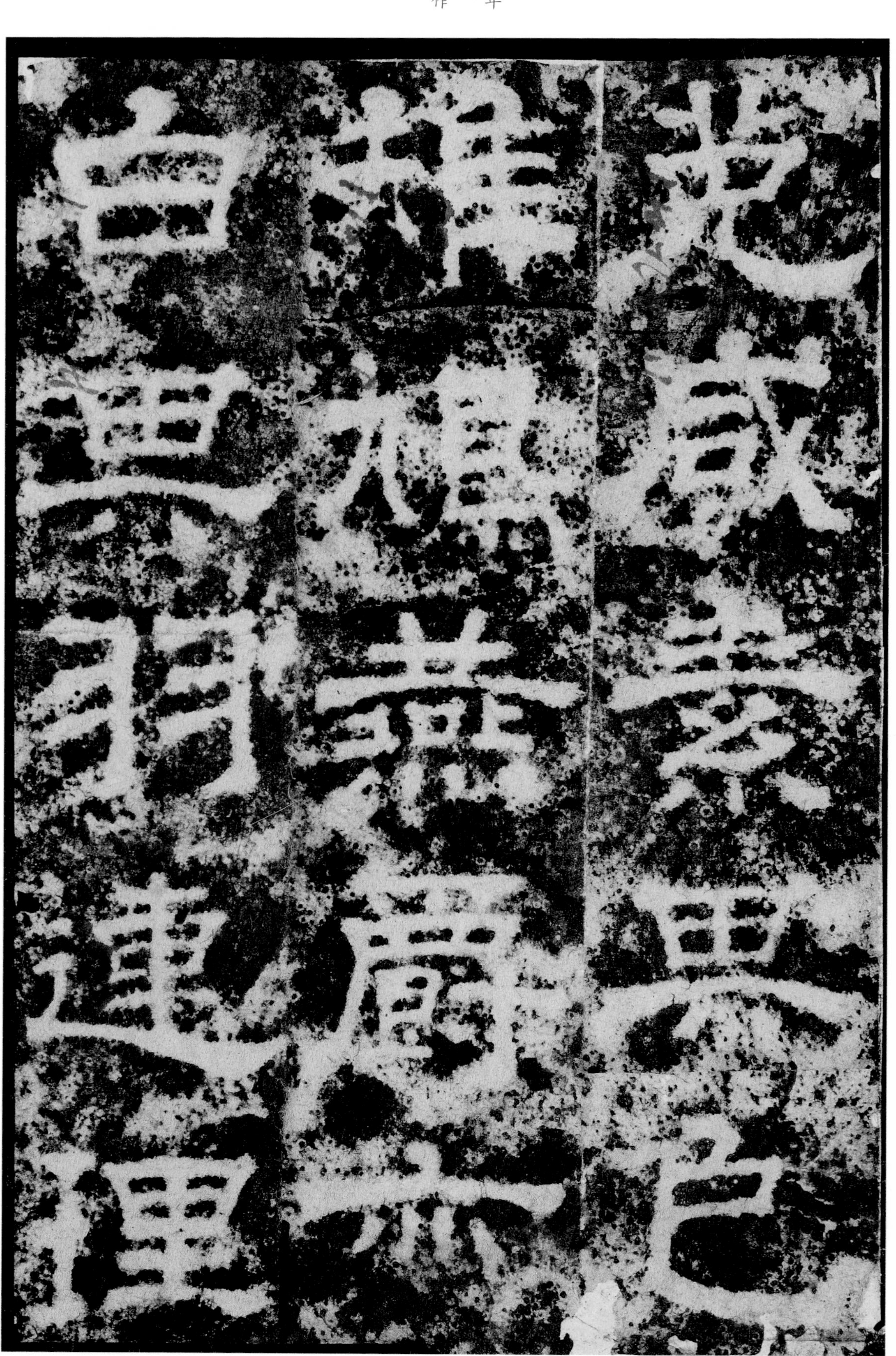

菟，咸素其色；／雉鳩燕爵，亦／白其羽。連理／

雜遝：紛雜繁多貌。

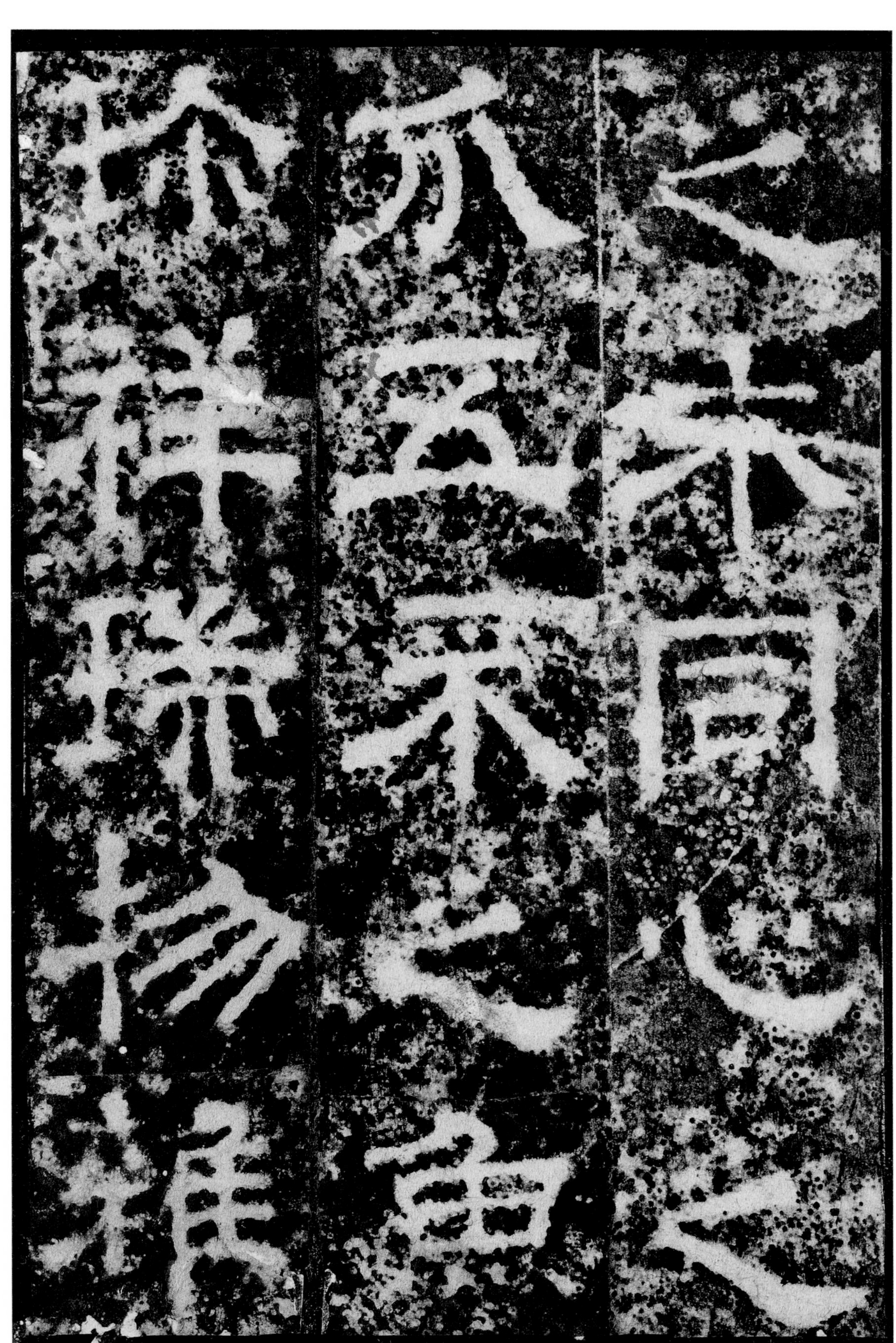

之木、同心之／瓜、五采之魚、／珍祥瑞物雜／

微禹，吾其魚乎：意爲如果没有大禹治水之功，我們豈不都成魚蝦了。語出《左傳·昭公元年》：『美哉禹功，明德遠矣。微禹，吾其魚乎！』

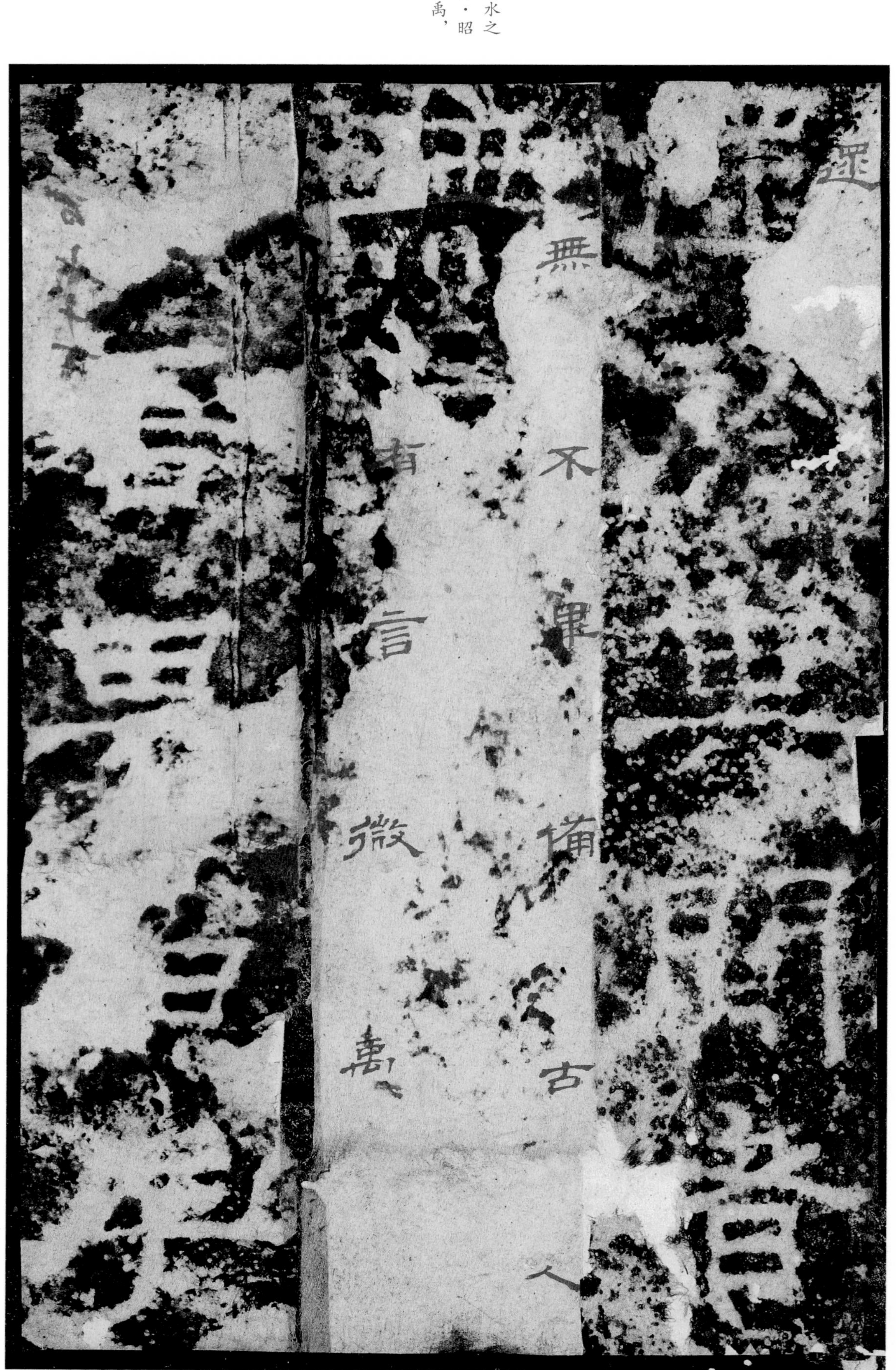

遝於其間者，╱無（不畢備。古人有言：『微禹，╱吾）其魚乎？』╱

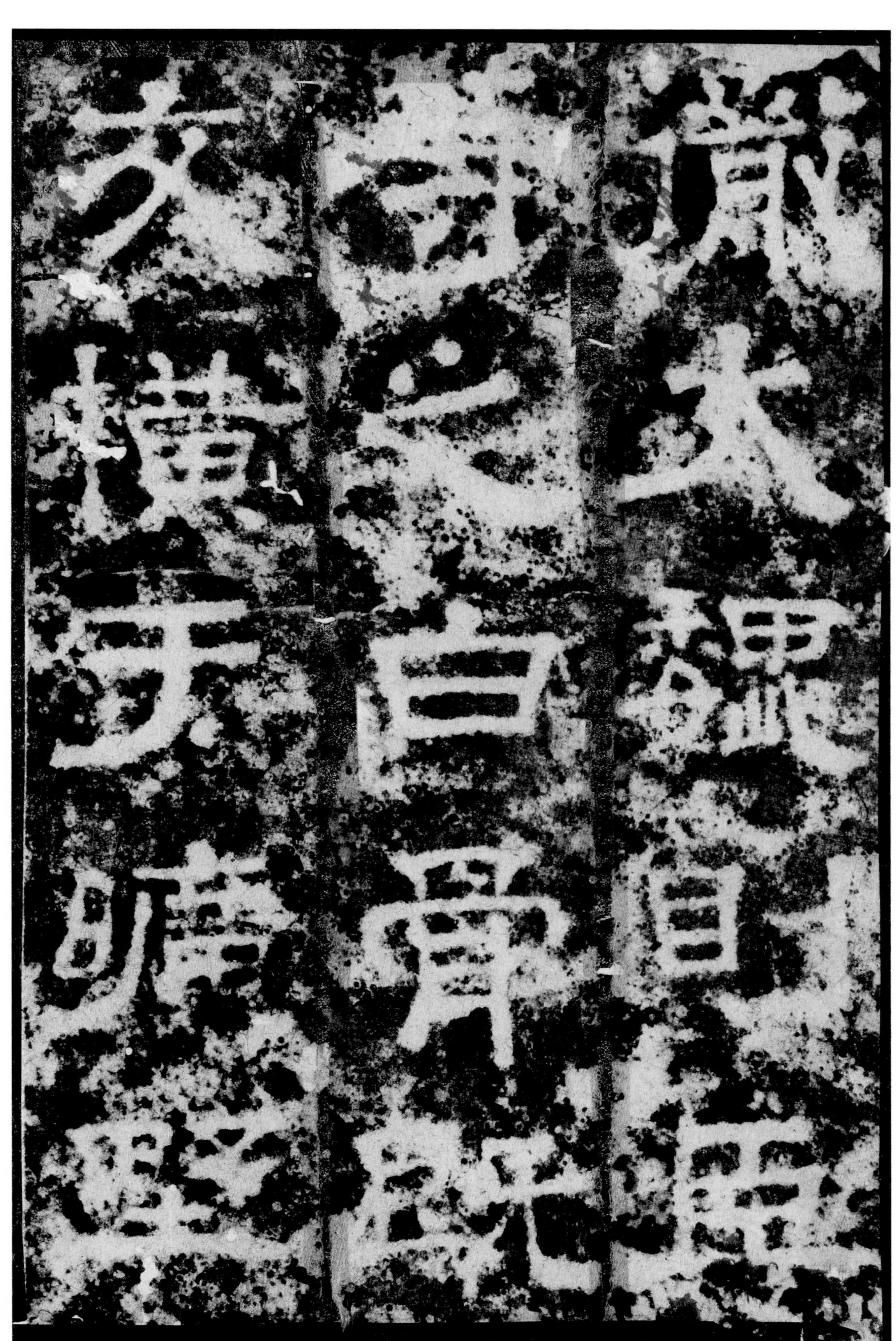

微大魏，則臣／等之白骨既／交横于曠野／

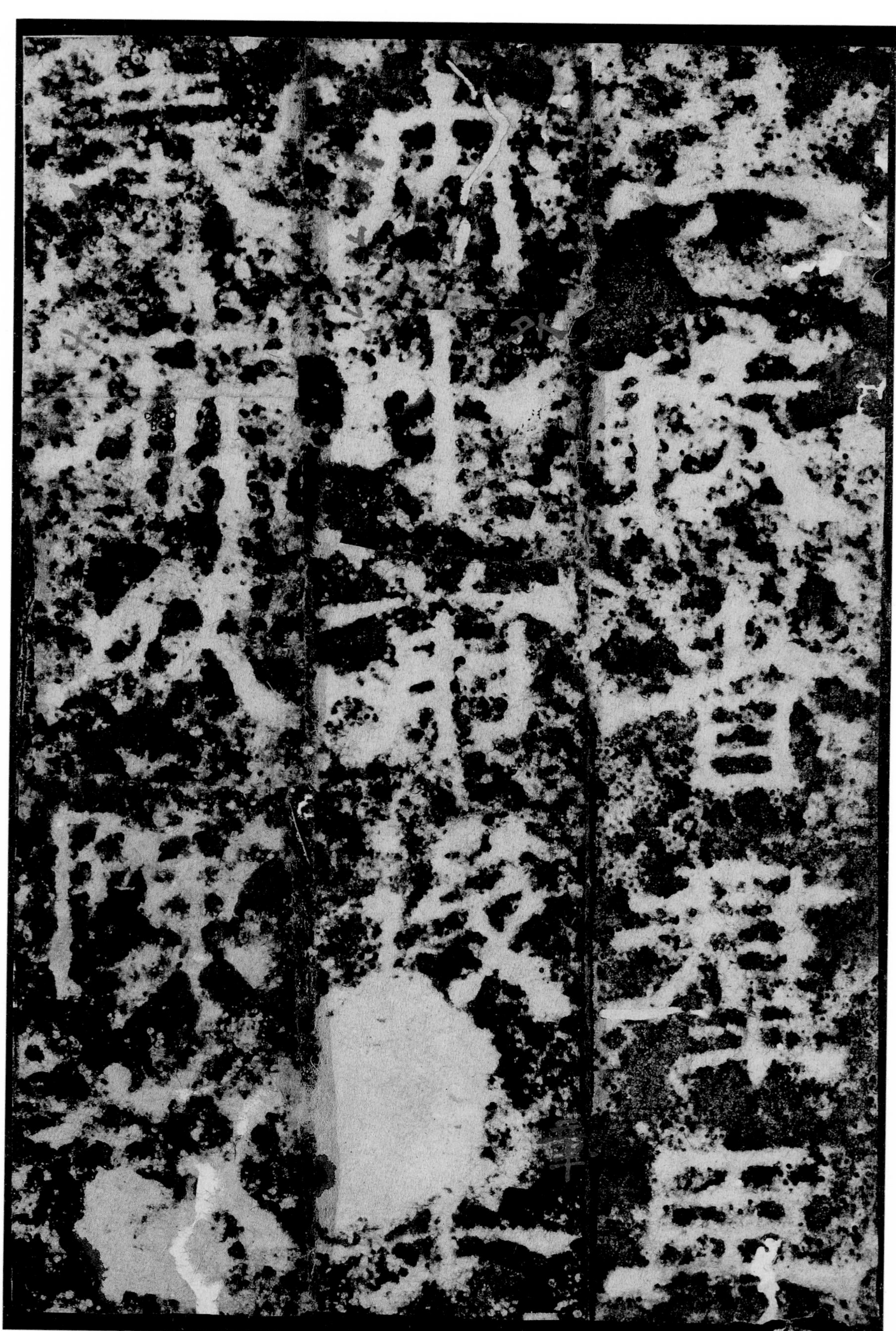

矣。伏省羣臣／内外，前後章／奏，所以陳敘／

河洛之圖書：即『河圖洛書』。古籍記載内容不一，但大致指古代五帝時期，黄河中出圖，洛水中出書，并伴隨着祥瑞景象發生，圖、書内容啓發了黄帝、堯、舜等先民領袖，由是文化昌盛。

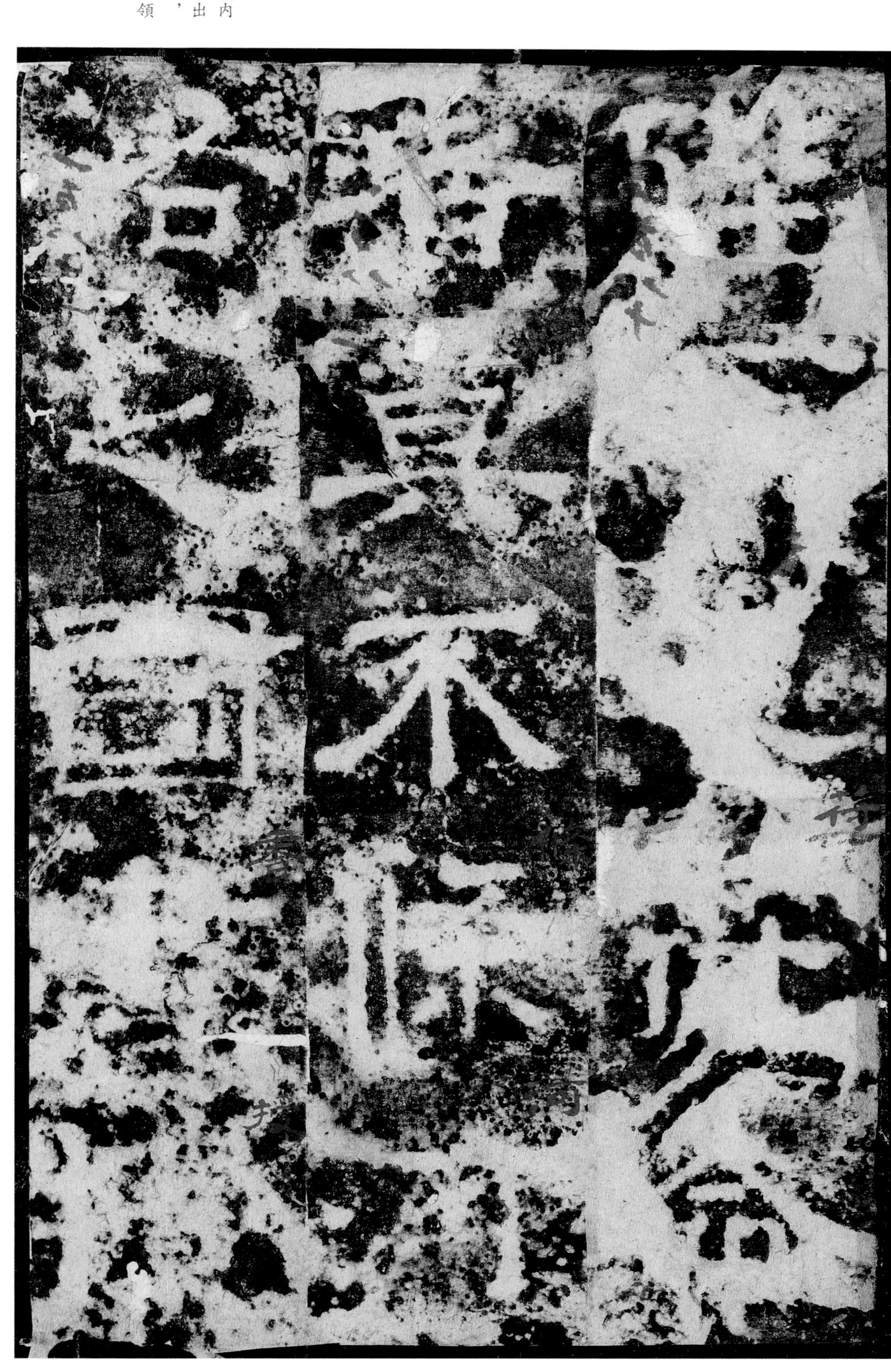

陛下之符命／者，莫不條河／洛之圖（書，授）／

款誠：忠誠，真誠。

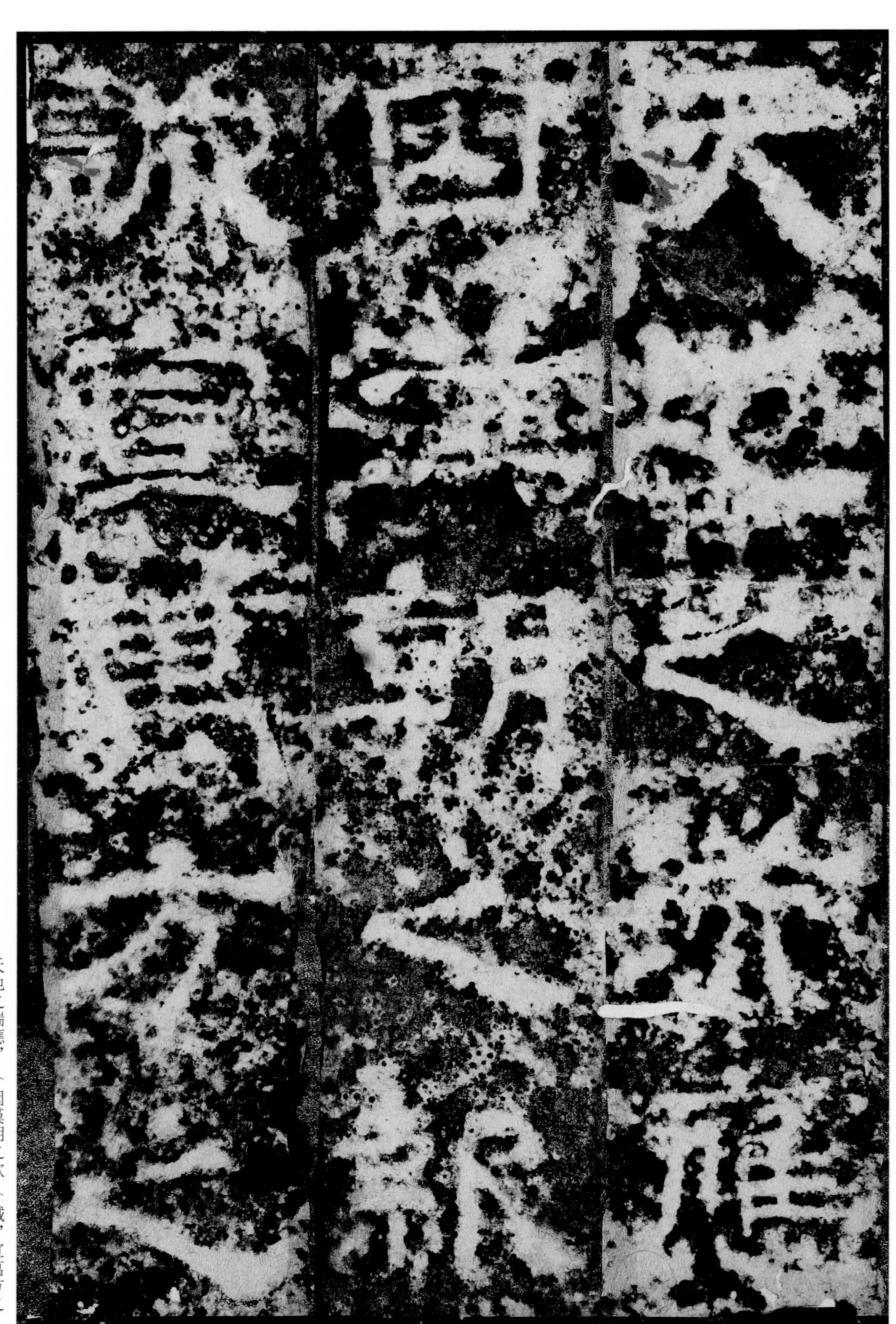

天地之瑞應，／因漢朝之款／誠，宣萬方之／

景附：即『影附』，如影附身，比喻依托、附隨密切，難以分割。景，通『影』。

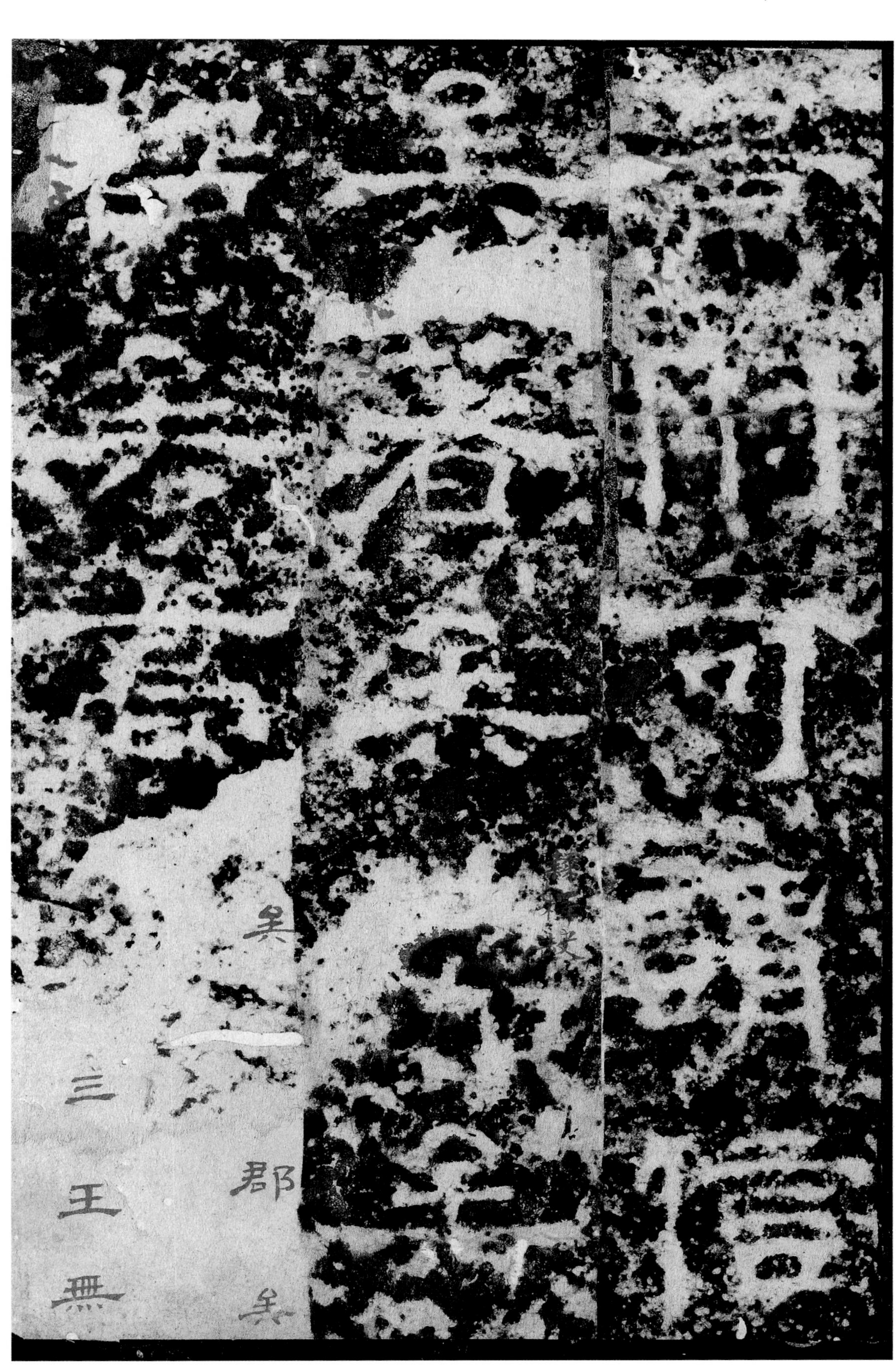

景附，可謂信／矣著矣，□矣／裕矣，高（矣郡矣，三王無）／

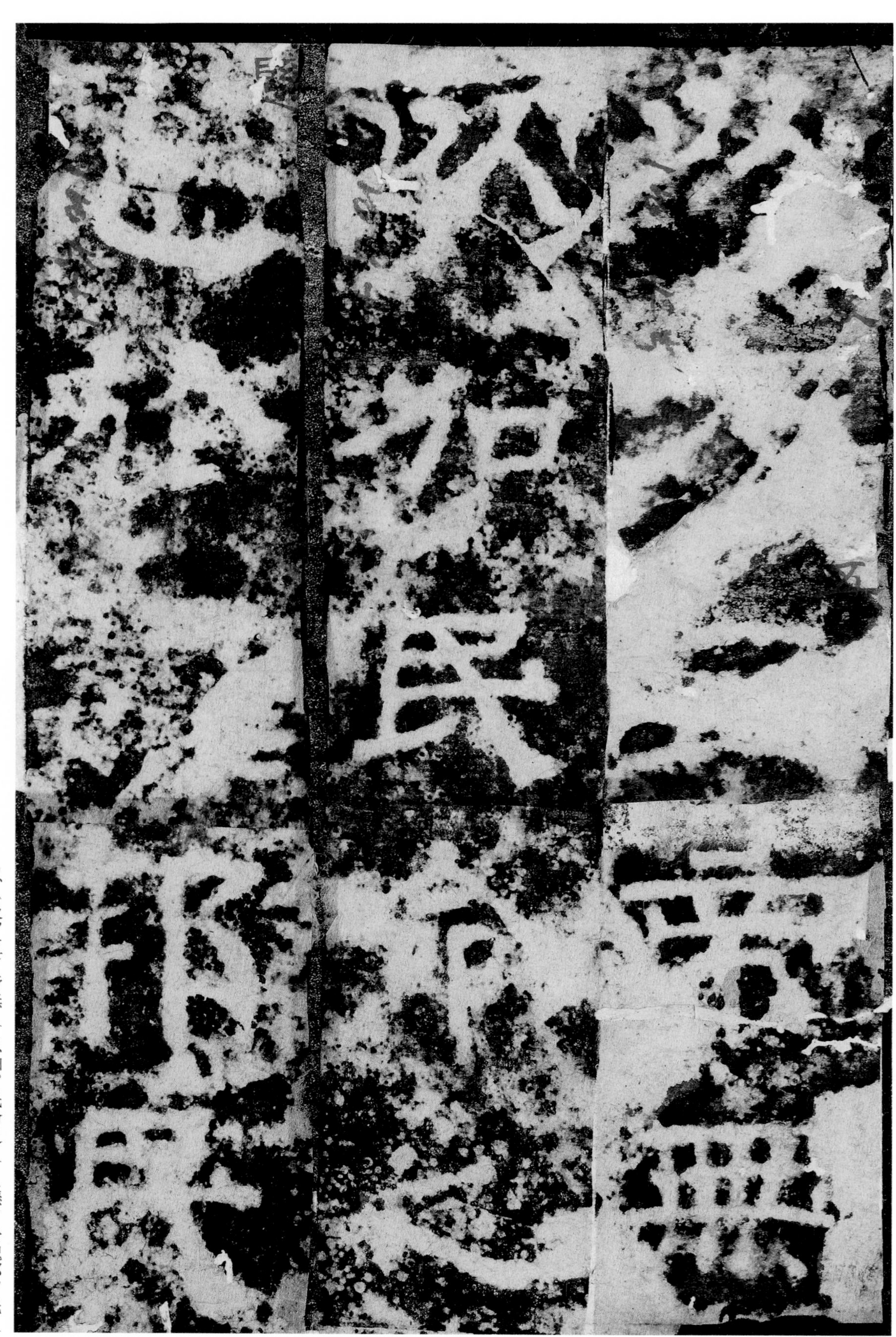

以（及，五）帝無／以加。民命之／（懸）於魏邦，民／

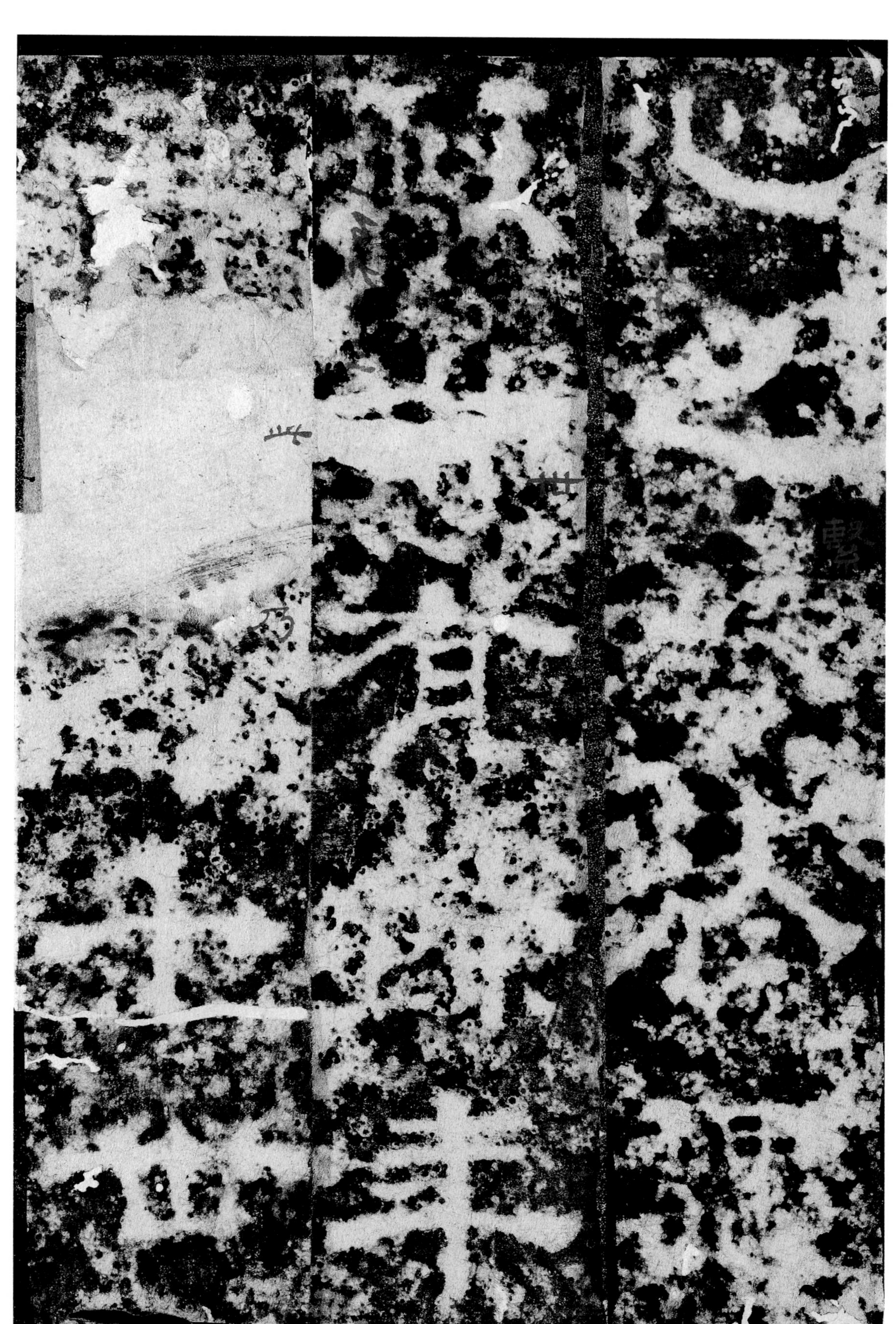

心之（繫）於魏／政，（卅）有餘年／矣。（此乃）千世／

達節廣度：節義通達，氣度寬宏。

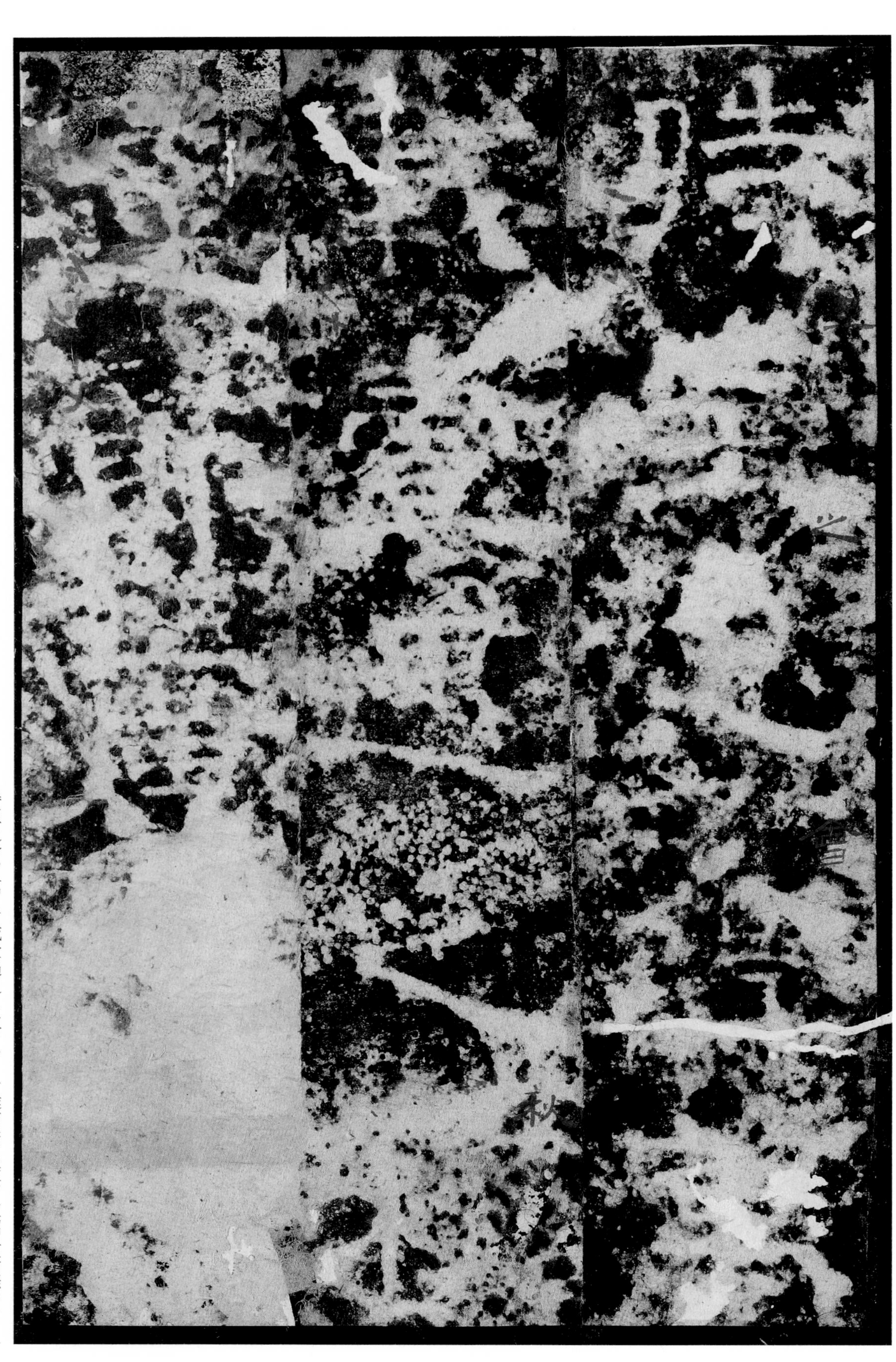

時至之會，萬／載壹遇之（秋），／達節廣（度，宜昭於斯際；）／

拘攣：拘束，拘泥。

稽：稽留，延誤。

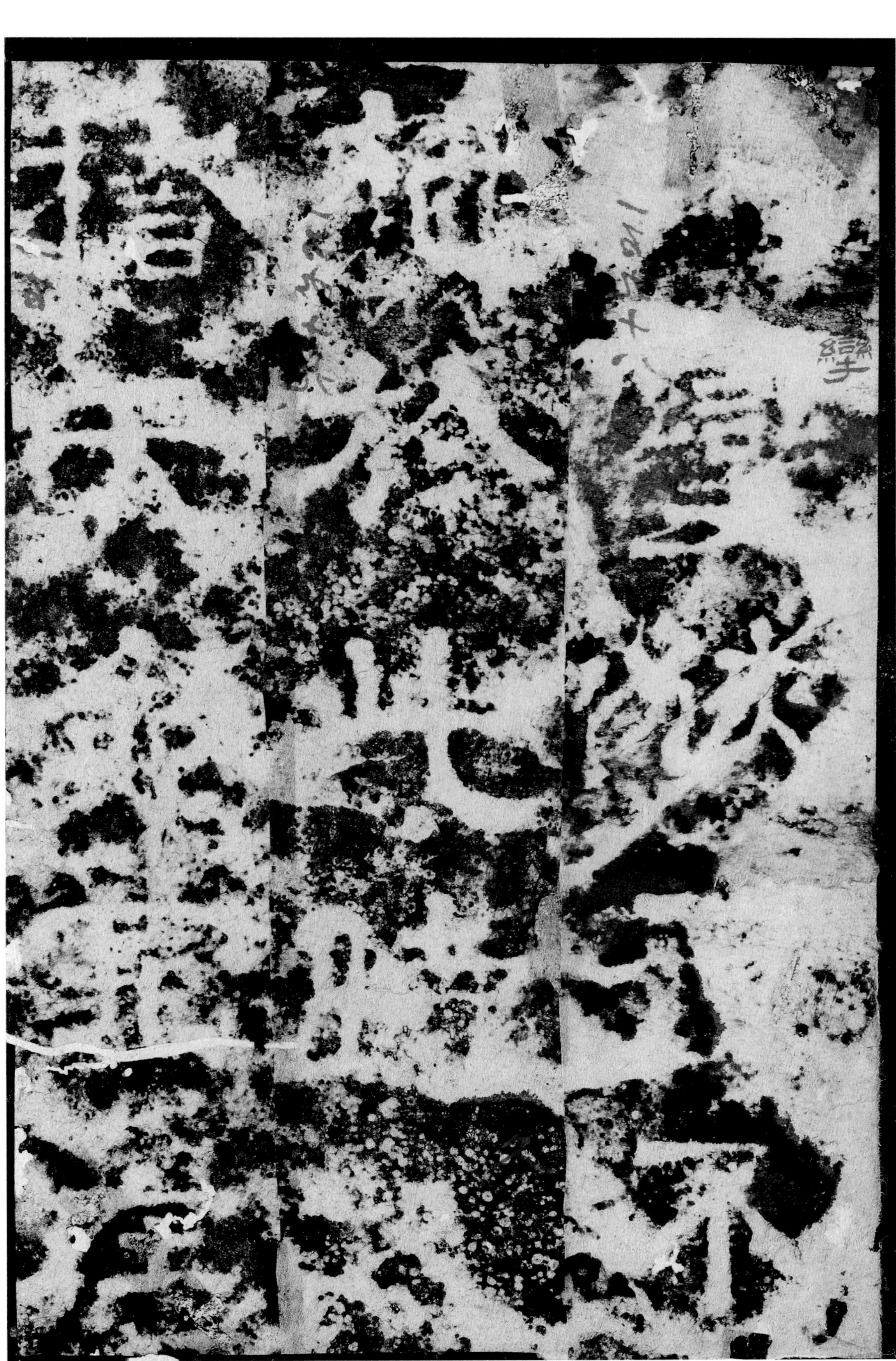

（拘）攣狹口，不／施於此時。久／稽天命，罪在／

壇場：古代設壇舉行祭祀、繼位等隆重儀式的場所。

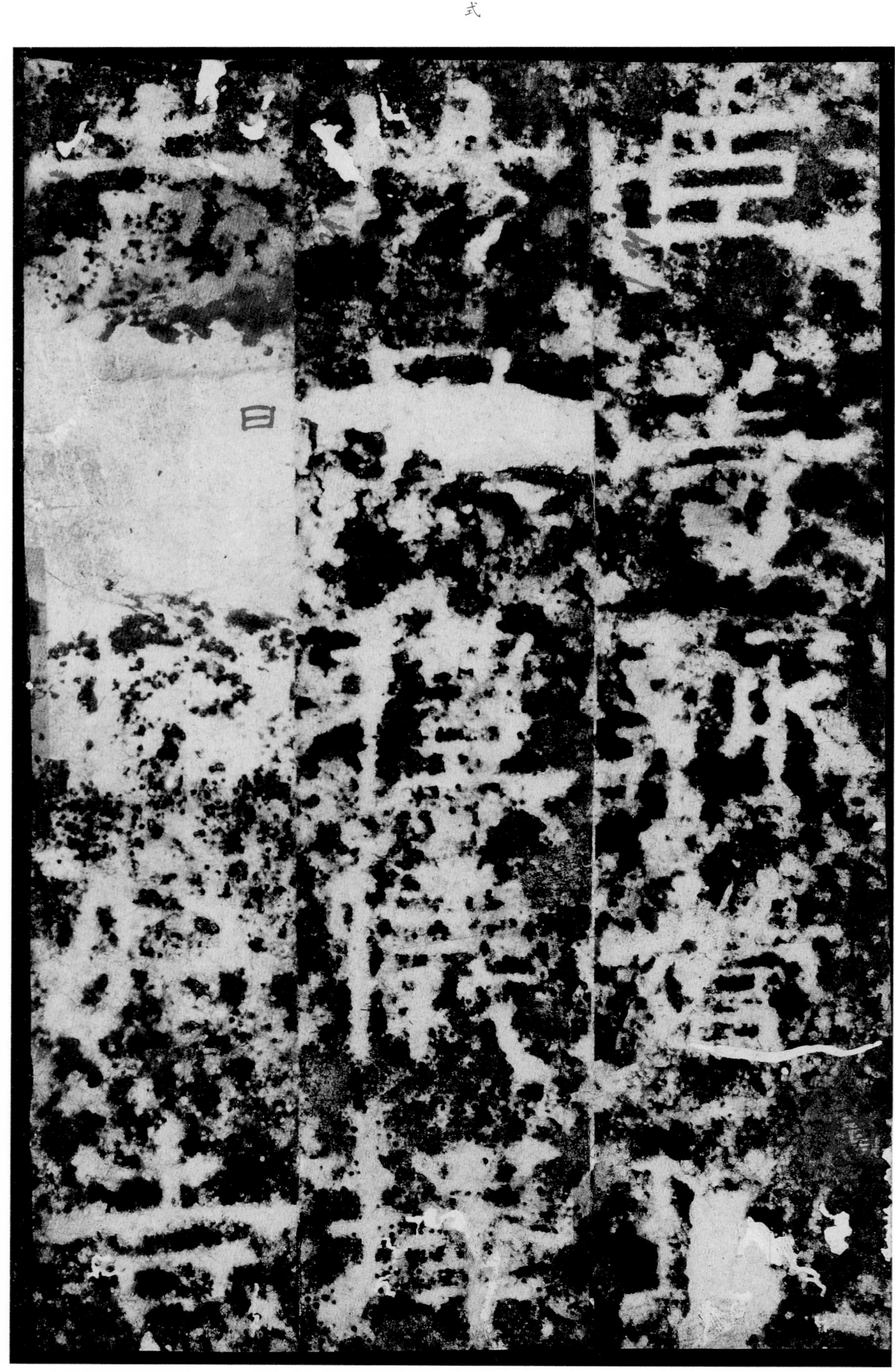

臣等，輒營（壇）/場，具禮儀，擇/吉（日，乃）昭告/

昊天上帝，祓／羣神之禮。（須／禋祭畢，會羣寮於朝堂，）／

祓：依序行祭祀之禮。

禋祭：古代祭祀燃燒升煙，爲求多福。

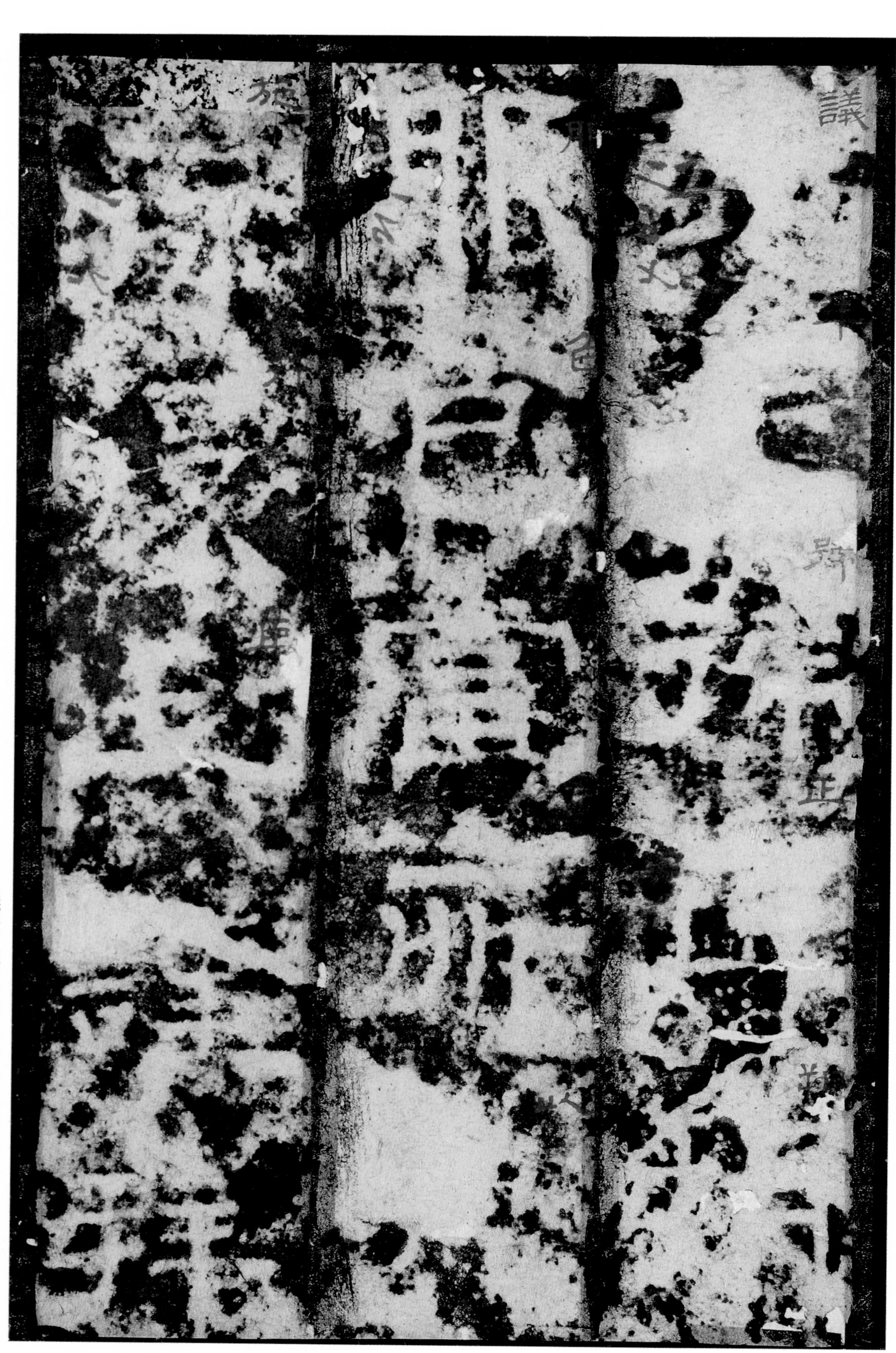

（議年）號，正朔／服色，當所以／（施行），臣謹拜／

表朝堂。臣歆、/臣詡、臣朗、臣/仁、臣若、臣輔、/

本頁拓本爲他本補配

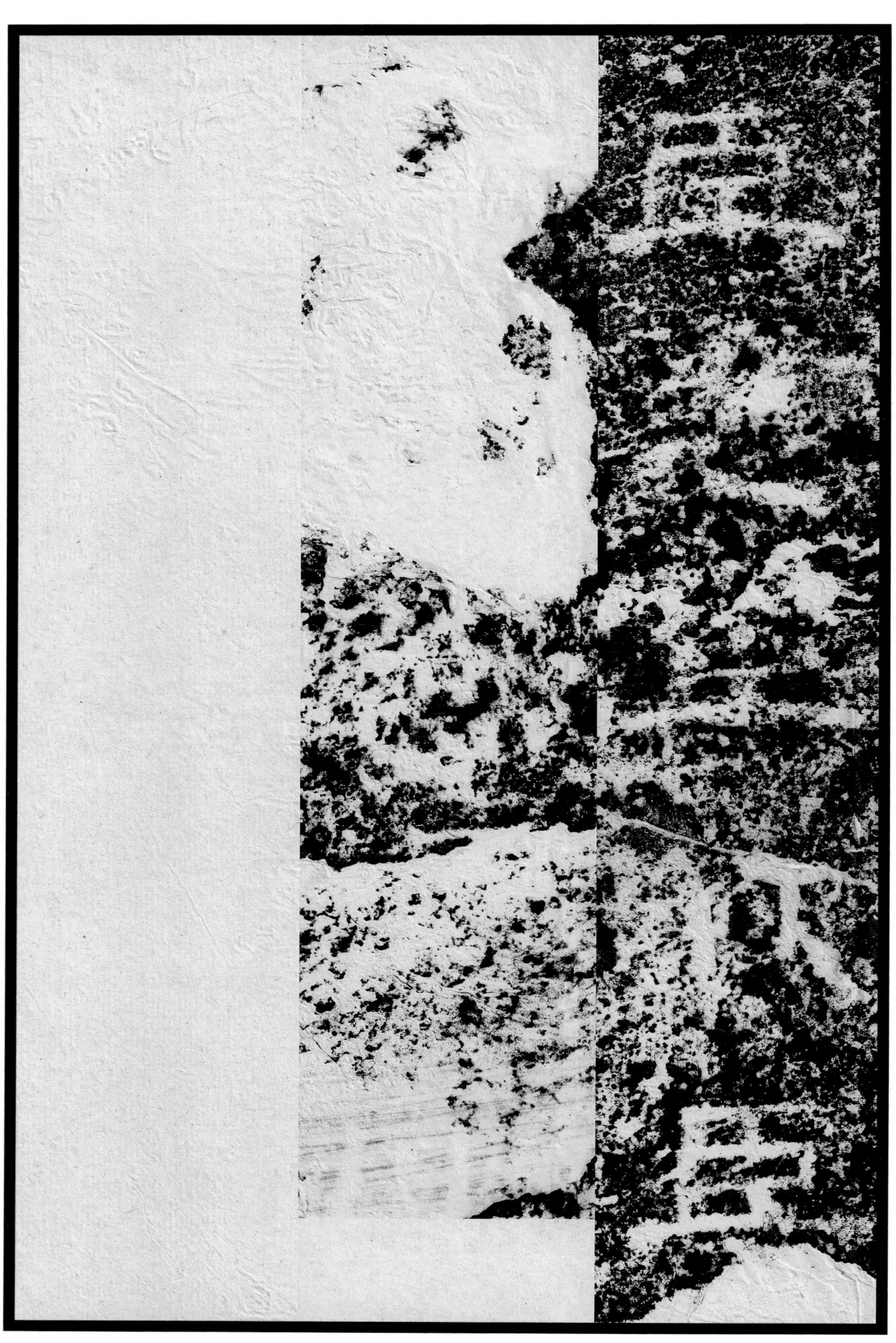

臣忠、臣秋、臣／（柔、臣洪、臣真、／臣休、臣尚、臣霸、臣郃、臣）／

本頁拓本爲他本補配

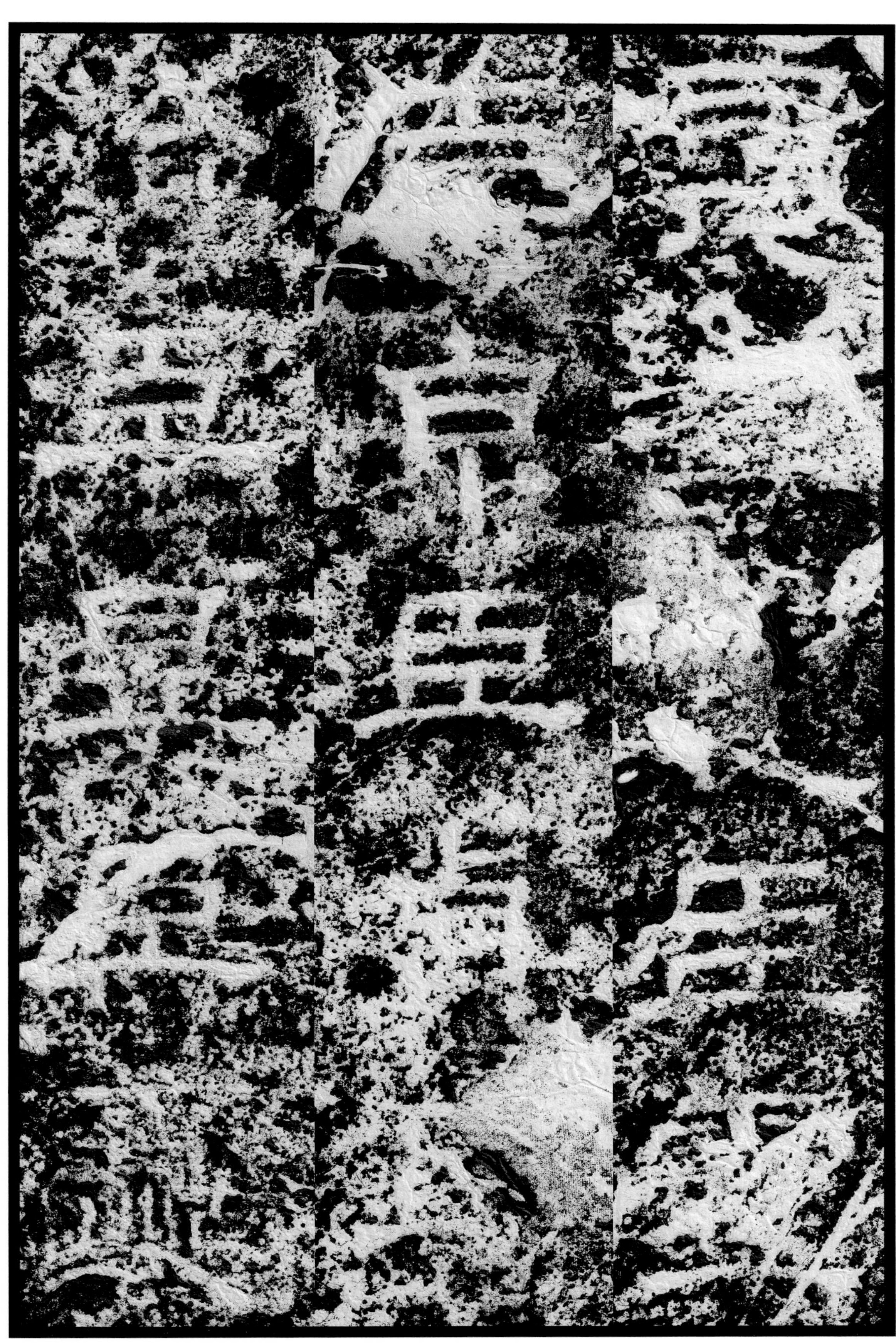

晃、（臣遼）、臣靈、／臣泉、臣貞、臣／洽、臣昱、臣夔、／

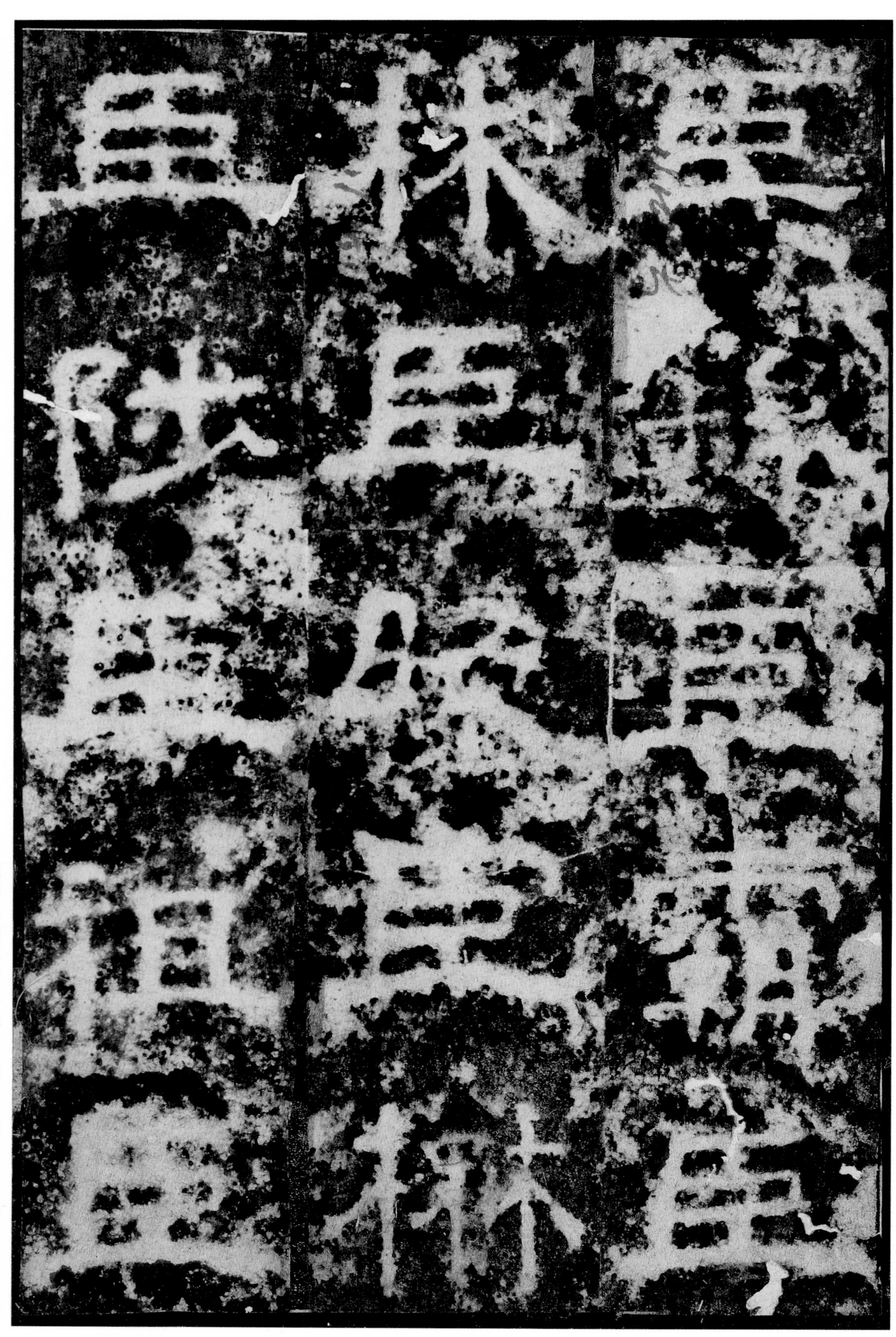

臣繇、臣霸、臣／林、臣照、臣楙、／臣陟、臣祖、臣／

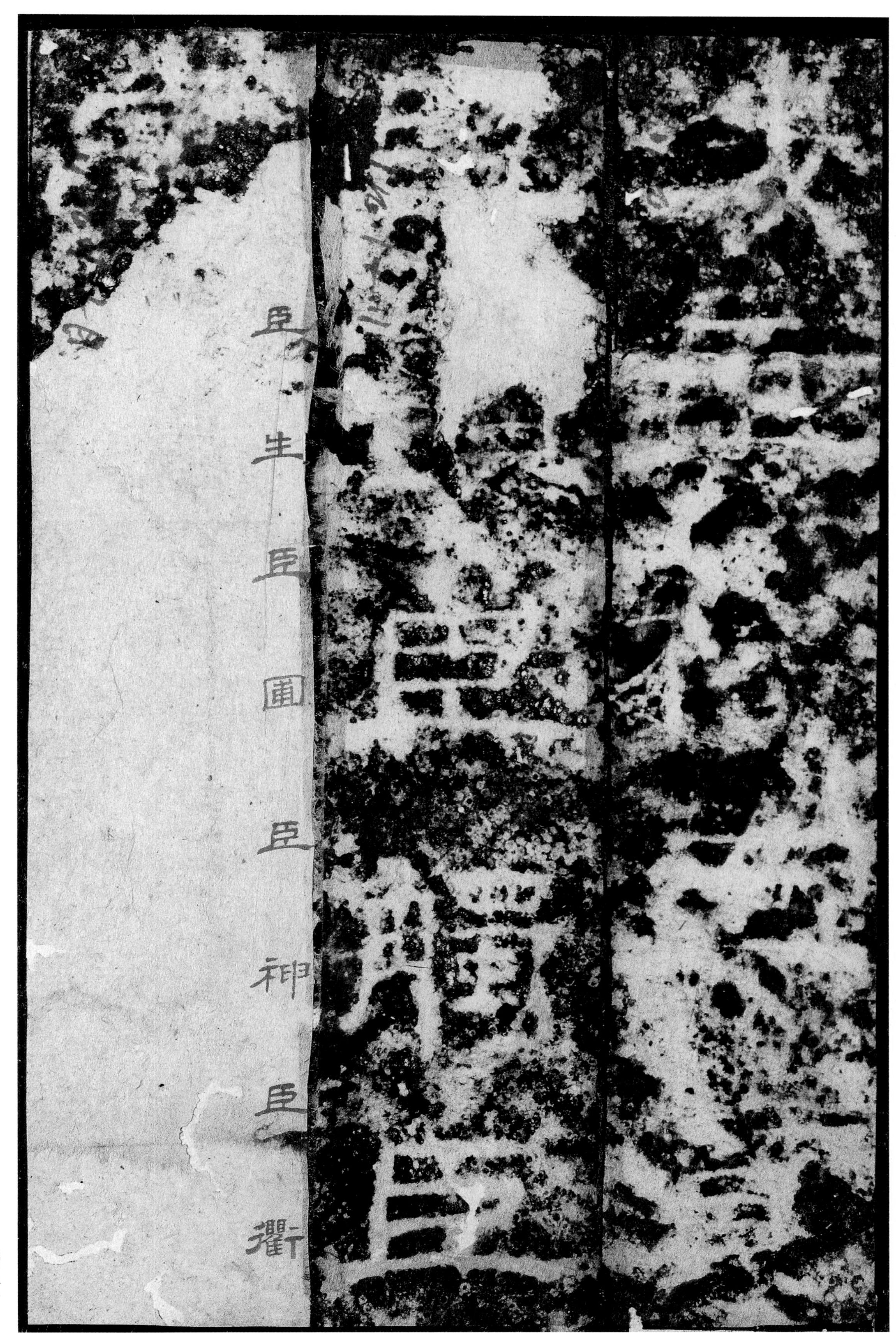

凌、臣（福）、臣質、／臣（題）、臣觸、臣／當、（臣生、臣圃、臣神、臣衢、）／

誠惶誠懼，頓首頓首，死罪死罪：表章、函牘中的套語。

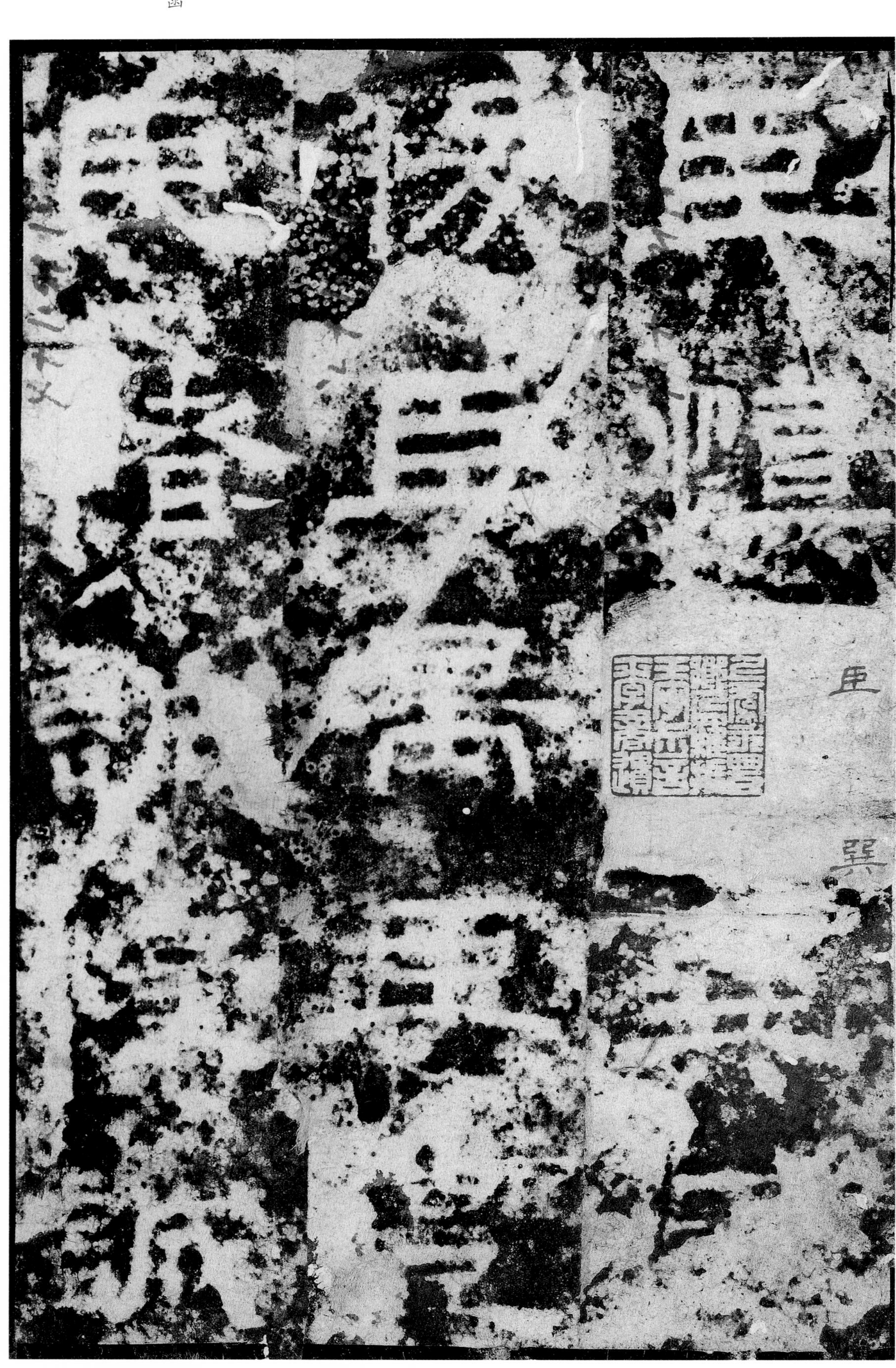

臣慎、（臣）異、（臣）／俊、臣昺、臣豐、／臣楮，誠惶誠／

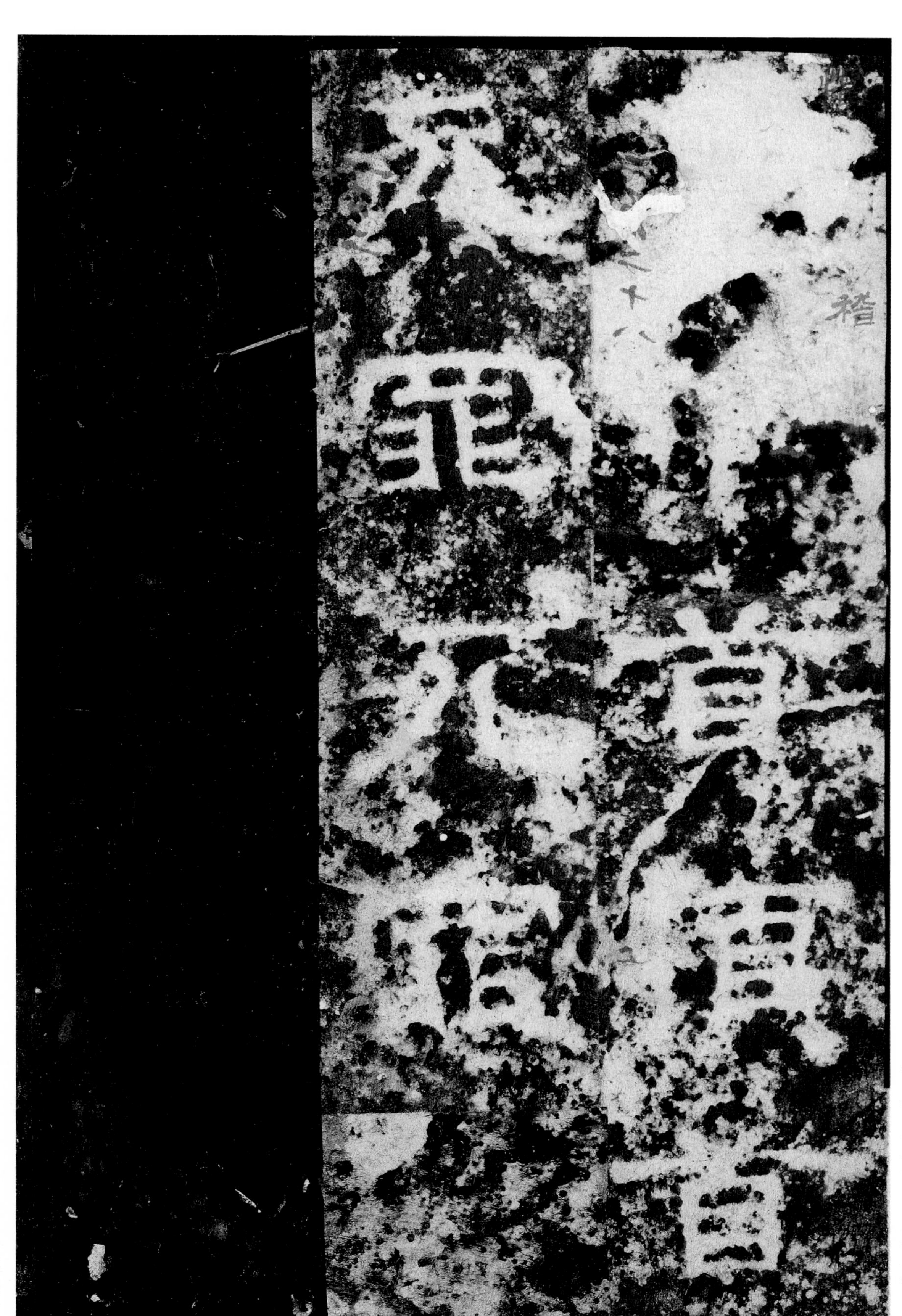

（懼，頓）首頓首，／死罪死罪。／

梁章鉅 跋

道光丁酉恭兒赴江東枉道至桂林省視出長宗題卷重觀故物喜而識之 丁酉長至後書於節署之懷清堂 茝林

翁方綱 跋

雲門先生精本共賞因屬
跋其後
北平翁方綱

梁章鉅 跋

此吾鄉鄭雲门閣學舊物其用红筆所補缺字則出蘇齋師之手閣學作跋時距今將六十年余識閣學之面而未及親炙惟侍蘇齋師數年對此不勝梁木之感也 章鉅記

梁章鉅 跋

三十年前里居時即獲見此本無力得之壬辰假归乃知为馮菊軒孝廉所得又不肯奪人所好後余重出山而菊軒与三兒恭辰叙杞犀之好遂以贈之而菊軒遂归道山矣人琴之感曷勝惆悵 退菴老人再记

魏公卿上尊號奏余家所收者亦是前半碑惟畢秋帆尚書中州金石志始載其全文然亦殘闕過半幸有三國志裴松之注可以釋之顧氏以爲重模非也嘗論鍾太傅工於書法而無碑刻可攷幸有此碑爲真面目若近世所傳之尚書宣示戎路薦季直諸帖全是後人僞作何嘗是太傅耶是碑醇古肅穆漢法具在其爲太傅筆無疑洪氏之言是也

道光壬寅四月邗江寓齋錢泳志

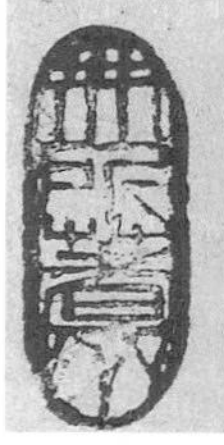

歴代集評

右《魏公卿上尊號表》，唐賢多傳爲梁鵠書，今人或謂非鵠也，乃鍾繇書爾，未知孰是也。

——宋·歐陽脩《集古録》

右《公卿將軍上尊號奏》，篆額，在潁昌，相傳爲鍾繇書，其中有大理東武亭侯臣繇者，乃其人也。……當時内外前後勸進之辭不一，此蓋刻其最後一章，《魏志》注中，亦載此文有數字不同，非史臣筆削之辭也，皆當以碑爲正。碑自造於華裔之後，石理皴剥，字迹晻昧，今世所傳者多是前一段爾。

——宋·洪适《隸釋》

右《受禪表》《上尊號奏》，皆元常、梁鵠妙迹，學書者自此求之，而遡乎中郎，可全見古人面目矣。

——明·盛時泰《玄牘記》

《魏百官勸進碑》，此碑或曰梁鵠書，或曰鍾繇書，未有的據，但隸法遒古，非二公不能，自是鐘鼎間物也。

——明·趙崡《石墨鐫華》

書蓋純取方整，開唐隸之漸。

——清·翁方綱《兩漢金石記》

叙刻安整，書法工妙，自是魏碑巨製。

——清·馮雲鵬《金石索》

至若《曹全》之流美，《白石神君》之柔潤，已至漢季，古意稍漓。然三國之《孔羨》《范式》《上尊號》《受禪表》，下筆如折刀頭，風骨凌厲，遂爲六朝真書之祖。

——清·楊守敬《學書邇言》

世傳鍾繇書，或云《受禪表》梁鵠書，所謂如折刀頭者。然漢法一變矣，就二碑而論，《上尊號》尤如斬釘截鐵。大抵漢碑渾古遒厚，氣象雍容，如入夫子廟堂，令人起敬。魏晉則峭厲嚴肅，戈戟森列，如入細營，令人生畏。

——清·楊守敬《激素飛清閣評碑記》

圖書在版編目（CIP）數據

上尊號/上海書畫出版社編. —上海：上海書畫出版社，2022.1

（中國碑帖名品二編）

ISBN 978-7-5479-2784-7

Ⅰ. ①上… Ⅱ. ①上… Ⅲ. ①隸書－碑帖－中國－三國時代 Ⅳ. ①J292.23

中國版本圖書館CIP數據核字（2022）第005147號

中國碑帖名品二編［四］

上尊號

本社 編

責任編輯 馮 磊
審　　讀 陳家紅
圖文審定 田松青
責任校對 朱 慧
封面設計 王 峥
整體設計 馮 磊
技術編輯 包賽明

出版發行 上海世紀出版集團
上海書畫出版社
地址 上海市閔行區號景路159弄A座4樓
郵政編碼 201101
網址 www.shshuhua.com
E-mail shcpph@163.com
印刷 上海雅昌藝術印刷有限公司
經銷 各地新華書店
開本 710×889mm 1/8
印張 11.5
版次 2022年6月第1版
2022年6月第1次印刷

書號 ISBN 978-7-5479-2784-7
定價 88.00元